哲学简论

戴兆国◎编著

安徽师范大学出版社
ANHUI NORMAL UNIVERSITY PRESS
·芜湖·

图书在版编目(CIP)数据

哲学简论 / 戴兆国编著 . — 芜湖 : 安徽师范大学出版社，2010.12(2021.8 重印)

ISBN 978-7-81141-132-4

Ⅰ. ①哲… Ⅱ. ①戴… Ⅲ. ①哲学史-世界 Ⅳ. ①B1

中国版本图书馆 CIP 数据核字(2010)第 254836 号

ZHEXUE JIANLUN

哲学简论

戴兆国 编著

责任编辑:吴顺安　　责任校对:马飞飞

装帧设计:王晴晴　　责任印制:桑国磊

出版发行:安徽师范大学出版社

芜湖市北京东路1号安徽师范大学赭山校区

网　　址:http://www.ahnupress.com/

发 行 部:0553-3883578　5910327　5910310(传真)

印　　刷:苏州市古得堡数码印刷有限公司

版　　次:2010年12月第1版

印　　次:2021年8月第3次印刷

规　　格:889 mm × 1194 mm　1/32

印　　张:8.25

字　　数:184千字

书　　号:ISBN 978-7-81141-132-4

定　　价:42.00元

目　录

说　明

本书的编写依据哲学理论、哲学问题、哲学经典相统一的原则，编著体例如下：

一、课程引入包括两部分，一是由若干问题引入，作为课前讨论或预习的内容；二是在引入问题之后，提供相关阅读材料，既可以为学生进一步理解本讲内容做铺垫，也可以作为课堂讨论材料。

二、正文部分由三部分构成，一是正文阐释内容，是每一讲主要哲学理论的展开；二是哲学经典文句、段落，以及著名哲学家简介，作为正文理论阐释的辅助；三是哲学问题介绍，每讲安排相关哲学问题，作为正文内容的补充，加深学生或读者对哲学问题的理解。

三、参考书目是供学生作为拓展阅读的延伸，习作选既是对课程内容的延展，也是为帮助学生完成思考题所提供的范文。思考题是供学生对本讲内容进行消化和加深理解使用的，可以简单回答，也可以写成哲学小论文。根据哲学文章的写作特点，以下提供评定的基本标准，包括：

1. 阐述的清晰性，指文章论题、观点、论证、叙述过程表述清楚明白，有完整的逻辑性；

2. 批判的严密性，指寻求从各种可能的角度对论题、论点进行分析，使内容尽可能丰富；

3. 表达的创新性，指观点新颖，论证深刻，能够清晰表达自己所要表达的观点、或论证他人未尽的论题或观点、或提出此前没有的观点。

评定结果三项皆优为A，两项皆优为B，一项为优评C，三项皆一般为D，三项皆弱为E。

第一讲　人生在世之方
——时空哲学论

问题导入

1. 你是用什么样的方式感受人生在世的意义和价值？生命的流动变化与时间有关系吗？如果有关系，时间又存在于哪里，是以什么方式存在的？

2. 人生在世总是在不同的境遇中流转，这是否意味着空间对于人的生存具有重要意义？空间在什么地方？空间也是流动的吗？

3. 如果时空注定成为我们考察人生的坐标，或者是一种参照，那么从思辨的角度我们如何看待时间和空间？哲学思考时空可能存在哪些途径？

阅读材料

夫大人者，与天地合其德，与日月合其明，与四时合其序，与鬼神合其吉凶。先天而天弗违，后天而奉天时。天且弗违，而

况於人乎？况於鬼神乎？[①]

子曰："朝闻道，夕死可矣。"[②]

子在川上曰："逝者如斯夫，不舍昼夜！"[③]

李白诗歌二首

将进酒

君不见，黄河之水天上来，奔流到海不复回。君不见，高堂明镜悲白发，朝如青丝暮成雪。人生得意须尽欢，莫使金樽空对月。天生我材必有用，千金散尽还复来。烹羊宰牛且为乐，会须一饮三百杯。岑夫子，丹丘生，将进酒，君莫停。与君歌一曲，请君为我侧耳听。钟鼓馔玉不足贵，但愿长醉不复醒。古来圣贤皆寂寞，惟有饮者留其名。陈王昔时宴平乐，斗酒十千恣欢谑。主人何为言少钱，径须沽取对君酌。五花马，千金裘，呼儿将出换美酒，与尔同销万古愁。

把酒问月

青天有月来几时？我今停杯一问之。人攀明月不可得，月行却与人相随。皎如飞镜临丹阙，绿烟灭尽清辉发。但见宵从海上来，宁知晓向云间没。白兔捣药秋复春，嫦娥孤栖与谁邻？今人不见古时月，今月曾经照古

①《易经·乾卦》。

②《论语·里仁》。

③《论语·子罕》。

人。古人今人若流水，共看明月皆如此。唯愿当歌对酒时，月光长照金樽里。

时间就是此在。此在是我的当下性，而且我的当下性在向确知而又不确定的消逝的先行中能够是将来的东西中的当下性。此在始终以一种他的可能的时间性存在的方式存在。此在就是时间，时间是时间性的。①

古老的关于基本上不变的、已经存在并将继续存在无限久的宇宙的观念，已为运动的、膨胀的并且看来是从一个有限的过去开始并将在有限的将来终结的宇宙的观念所取代。②

寻求人生的意义注定是所有人都无法逃避的问题，无论这个问题以什么样的方式表现出来。在人类思想发展的历史过程中，这个问题总是变换着形式，被不同的哲学家、思想家乃至文学家、艺术家、历史学家、宗教学家、科学家等从不同的角度加以探寻和回答。其中哲学思想发展的历史集中反映了这一过程。在各种哲学理论运行的轨迹当中，不同的哲学理论提供了足以让后代人眼花缭乱、相互纠缠不清的对于哲学问题论证和解答的哲学体系。

历史地把握哲学理论发展的过程固然重要，但是离开了哲学问题的具体分析和论证，哲学必然会陷入到一种单调的历史图景之中，而哲学问题直接关乎人的存在。在诸多的问题选择中，时

① [德]海德格尔:《时间概念》,《海德格尔选集》上册,孙周兴选编,上海:三联书店1996年版,第24页。

② [英]史蒂芬·霍金:《时间简史》,许明贤、吴忠超译,长沙:湖南科学技术出版社1999年版,第42~43页。

间和空间问题非常清晰而又贴近于人的思考习惯，从这样的角度展开哲学的论述不仅方便直接，对于初学者来说也是一种帮助。让我们从时空问题着手，搜罗一下哲学中存在的千变万化的问题，通过对这些问题的探寻，进而找到获得智慧的道路，为我们人生的不断绵延提供思的力量。

一、时间和空间

人类对时空的认识是与人类自身发展状况直接相关的。在人类生命演进的过程中，随着人类对生命价值理解的加深和拓展，时空的意义也不断凸显，这为我们把握时空的本质提供了前提。时空是一体并存的，探寻时间的本质离不开对空间的把握。

（一）时间和空间的所指

时间的本质是一个极为复杂的哲学问题，中世纪宗教哲学家圣奥古斯丁曾经说过一段流传千古的名言：“时间是什么？没有人问我，我很清楚，一旦问起，我便茫然。”构成人类的时间意识、时间概念主要有两个方面，对这两个方面的不同强调形成了不同的时间观。

第一方面是与宇宙万物变化的节律相联系的时间意识，它与人类运用周期性事件测量时间的经验相关，昼夜的交替、四季的轮回，这些自然现象使人们产生的时间概念称之为可测度的节律时间，也可称之为物理时间。物理时间表达时间的长短、间隔、时序。这是自古至今人类把握自身生存方式的主要方式，在时间的节律轮回中体验世界的生灭变化。但是这种时间只是一种形式的存在样态，当人们追问时间的流逝，反思时间带给我们生活的意义时，这种形式的时间却不能满足我们的追问。正如孔子发出的千年一叹："逝者如斯夫，不舍昼夜！"理解这种生命之叹就只能追寻时间所具有的其他意义，这就是时间的第二方面的含义。

> 为了在一个共同尺度之下来了解一切事物的绵延起见，我们就把它们的绵延和能发生年和日的那些最大而最有规则的运动加以比较，而叫它做时间。因此，我们所称为时间的那种东西不是加于一般绵延上的一种东西，乃是一种思想方式。①

> 在我看来，时间之成立是由于在我心中有连续不断的观念以同一速度流动，而且一切事物都是和这一串时间有关的。因此，任何时候我如果想离开那一串观念来构成一个简单的时间观念，则我总会迷惑起来，陷于不可脱出的困难中。……实在说来，离了心中观念的前后相承，时间是不能存在的。②

第二方面是与生命的出现、成长、衰老、死亡相联系的时间意识，它与短暂的、转瞬即逝的而又不可逆转的生命感受相关。人类对时间的赞颂或诅咒，恐惧和无奈，均来自这一方面，这方面的生命体验和生活经验，是时间成为一个哲学主题的主要原因，也是时间神秘性的主要来源，我们把这一方面的时间称之为真正

① [法]笛卡尔:《哲学原理》,关文运译,北京:商务印书馆1958年版,第22页。

② [英]贝克莱:《人类知识原理》,关文运译,北京:商务印书馆1973年版,第64页。

的时间、本体时间。

> 有始也者，有未始有始也者，有未始有夫未始有始也者。有有也者，有无也者，有未始有无也者，有未始有夫未始有无也者。俄而有无矣，而未知有无之果孰有孰无也。今我则已有谓矣，而未知吾所谓之其果有谓乎，其果无谓乎？天下莫大于秋毫之末，而大山为小；莫寿于殇子，而彭祖为夭。天地与我并生，而万物与我为一。[①]

一位弟子问赵州大师："十二时中如何用心?"大师回答："你被十二时使，老僧使得十二时，你问哪个时?"时辰对于一般人来说是用来界分和安排生活的进度的，但是当人们陷入到这种框架式的时间结构中，人就变成了时间催促的被动者，失去了人自身存在的主动性。所以赵州大师说他"使得十二时"时，就彻底摆脱了时间框架的束缚，进入到了与人的存在共生的本体时间了。故而《金刚经》说："过去心不可得，现在心不可得，未来心不可得。"心的得与不得不是在过去、现在、未来的界划中被等待、被指望的，人心的状态自始至终是自得的，不会因为时间的变化和流逝而改变其自然本有的状态。人心是自然的，面对人生的问题，一切都会在自然的人心中得到化解。这是人存在的真实而自然的状态。

①《庄子·齐物论》。

海德格尔（Martin Heidegger，1889～1976）出生于德国西南部的巴登州，德国著名哲学家，存在主义哲学、现象学代表人物。1909年海德格尔进入弗莱堡大学神学系学习，1913年获得博士学位。1933年海德格尔卷入纳粹运动，1951年退休。海德格尔的思想和作品异常丰富，代表性著作是《存在与时间》。

空间与时间一样，也存在物理的和本体的空间。物理的空间是有形的、可以测度的，是人有形生命的空场；本体空间超出了有形空间的范围，不是用物理方法加以测量的，而是与人的生命当下存在直接相关的状态。

《老子·二十五章》言："道大、天大、地大、人亦大。域中有四大，而人居其一焉。人法地，地法天，天法道，道法自然。"人的生命空间的大小是无法用物理的方法来衡量的。有一位弟子问赵州："四山相逼时如何？"赵州说："无路是赵州。"当人们仅仅执着于寻求物理空间的大，希望自己的生命能够在形式的空间中伸展，就背离了生命存在的意义。人的生命不是单纯的感性物质的存在，更为重要的还有精神和灵魂的活动。精神活动空间不是俗常的空间，而是与生命活动一道出没的所在。

哲学问题

形而上与形而下之辩：形而上指无形、未成形质、没有具体形质；形而下指有形、已成形质、具体的某种形质。《易·系辞上》：“形而上者谓之道，形而下者谓之器。”由此引发形而上与形而下问题的论争。唐孔颖达《周易正义·系辞上》：“道是无体之名，形是有质之称；凡有从无而生，形由道而立。是先道而后形，是道在形之上，形在道之下。故自形外已上者谓之道也，自形内而下者谓之器也。”形而上是无体无形，形而下是有质有形，形而上产生形而下。这一观点得到了后续哲学家的肯定和发挥。张载说：“形而上者是无形体者，故形而上者谓之道也；形而下者是有形体者，故形而下者谓之器。无形迹者即道也，如大德敦化是也；有形迹者即器也，见于事实即礼义是也。”（《横渠易说·系辞上》）朱熹说：“理也者，形而上之道也，生物之本也；气也者，形而下之器也，生物之具也。”（《答黄道夫》）王夫之提出：“形而上者非无形之谓，既有形矣，有形而后有形而上。……器而后有形，形而后有上。”（《周易外传》卷五）戴震说：“形谓已成形质，形而上犹曰形以前，形而下犹曰形以后。”（《孟子字义疏证·天道》）

形而上与形而下是人类对现实世界存在状态进行抽象反思的结果，是几乎所有哲学都无法逃避的根本性问题之一，是人类对世界本质的深度追问。

西方哲学的形而上学(metaphysics)一词来自希腊语。亚里士多德把形而上学称作“第一哲学”或“智慧”，即关于终极原因与原则的科学。有时亚里士多德把这一形而上学称作关于“作为存在的存在”的科学，认为这是其他科学研究的出发点。笛卡尔把人类的知识分为三部分，并用大树作比喻：第一部分，最基础的部分，也就是树根，是形而上学，它是一切知识的奠基；第二部分是物理学，好比树干；第三部分是其他自然科学，以树枝来比喻。在理性主义传统中，形而上学被看作是由纯理性操纵的对超感官知觉的内在实在性质的研究。康德把一切试图以纯理性来叙述超越人类理智的超验实在的努力都归作思辨的形而上学。康德认为形而上学是人类心灵寻求整体解释世界的一种必然倾向。存在主义哲学的代表人物海德格尔认为，近代形而上学都是无根的本体论，要探讨解决形而上学问题先要找到其根基即存在本身而非存在者。

在方法的层面上，形而上学被看作是一种片面的、静止的、孤立的思维方式，与辩证法相对立。

中国哲学和西方哲学对待形而上学的主要不同在于，中国哲学论形而上总是与形而下相对而言，西方哲学论形而上则主要就形而上本身而论，并不一定与形而下相对而言，由此分显出东西哲学反思路径的差异。

道器、理气、理事之辩：与体用、形上形下关系相当，中国哲学讨论的道器、理气、理事问题也是对事物存在本质和状态的反思。

道本义为道路，理本义为条理、纹理，引申为规律、原则、准则，宇宙万物的本原、世间的天理等，有时候理有特定的含义，主要指事物变化之理，人事当然之理，是宋明理学的独特范畴。《老子·二十五章》："有物混成，先天地生，寂兮廖兮，独立而不改，周行而不殆，可以为天下母，吾不知其名，字之曰道。"《庄子·大宗师》："夫道有情有信，无为无形，可传而不可受，可得而不可见，自本自根，未有天地，自古以固存，神鬼神帝，生天生地。"《观物内篇》："道为天地之本，天地为万物之本……天由道而生，地由道而成，人物由道而成。"《张子正蒙注·太和篇》："道者，天地人物之通理，即所谓太极也。"

器、气、事是与道、理相对而言的，道器主要从形而上与形而下的关系来说的，道指本体，器指器物，器用；气则包含了对道、理运行变化的判断，主要与理对应，有理气谁先谁后，理气谁更重要的争论；理事关系一般特指华严宗的理论，理是整体的、绝对的、无差别的本体界，事指具有差别的事相或现象界，事为理派生，理为事的存在根据，理在事中，犹如波在水中，理事圆融无碍。

这些哲学问题反映了中国古代哲学家对世界存在本质的思考，这些观念已经深入到中国人观世界的方式之中，富有深刻的哲学思辨精神。

（二）时间空间的特征

1. 时间与空间同在

在现实世界中，时空是紧密地联系在一起的，我们说明一个物体在一个地点时无不处于一定的时刻，说明某一物体在某一时刻时，无不位于一定的地点。传统的三维空间结构存在严重的缺陷，如果没有四维的时空，那么，三维空间结构便是静止的、不动的、呆滞的，而这样的时空决不是客观存在着的真实世界。在一个真实的、运动着的世界中，时空是统一的，两者之间不存在本质的差别。如在天文学家的观念里，天体间的空间距离就是时间，即光年。

不仅在科学认识范围内时空是不分的，在其他领域也是如此，像艺术反映的世界就是时空一体的。如中国传统艺术认为时空统一就是一种灵境。

高　古①

司空图

畸人乘真，手把芙蓉。泛彼浩劫，窅然空踪。
月出东斗，好风相从。太华夜碧，人闻清钟。
虚伫神素，脱然畦封。黄唐在独，落落玄宗。

这里的高就是指空间的超越，古说的是时间的超越。高古体现的就是抗心乎千秋之间，高蹈乎八荒之表的时空意识，是对本体时空的最好揭示。

①《高古》是《二十四诗品》之一，《二十四诗品》或称《诗》，旧题唐司空图撰。司空图(837～908)，字表圣，河中虞乡人(今山西永济人)，晚唐著名诗人。二十四诗品包括：雄浑、冲淡、纤秾、沉著、高古、典雅、洗炼、劲健、绮丽、自然、含蓄、豪放、精神、缜密、疏野、清奇、委曲、实境、悲慨、形容、超诣、飘逸、旷达、流动。作为一本具有广泛思想影响的艺术哲学著作，《二十四诗品》阐发了独特的境界和妙悟理论，将境界展开为物境、人境、诗境和心境，强调自然与妙悟的统一。

2. 时空的生命性

时空在人和自然中，而不是人和自然在时空中，时空由系统演化的不可逆而产生，时空的指针不是机械运动，而是由生命演化带动的。这是热力学第二定律所揭示的时空存在的内在特征，是人类从科学层面对时空认识的深化。美国哲学家麦克塔加特把时间分为A序列、B序列和C序列。时间A序列是关于过去、现在和未来的事件的时间排序。时间B序列把时间排列为以前或以后，或是彼此在时间上早于或迟于，在这一时间序列中事件不会改变它们在时间上的定位。时间C序列是可感觉到的时间序列。这是从哲学角度对时间认识的深化。

人生天地之间，若白驹之过隙，忽然而已。注然勃然，莫不出焉；油然漻然，莫不入焉。已化而生，又化而死。生物哀之，人类悲之。解其天弢，堕其天囊。纷乎宛乎，魂魄将往，乃身从之。乃大归乎！不形之形，形之不形，是人之所同知也，非将至之所务也，此众人之所同论也。彼至则不论，论则不至；明见无值，辩不若默；道不可闻，闻不若塞。此之谓大得。①

生命是一条河流，是不断流逝而演变的，生命本身就是一种无常的变化，就像花儿凋零，秋叶飘落，所有事物都是无常的，没有一件事情是持久的，永远都存在着变化及死亡。人就是在无常的变化中，面对死亡体会出时空的生命性。

河流的生命力就在于它永无止境地向前奔流，它永远都在追

①《庄子·知北游》。

寻、探索、推动、泛滥，穿透着每一个裂缝，也创生出自己流动的痕迹。现实的人生往往在面对生活的无常时产生种种的恐惧和担忧，为此人们在自己的心中筑起了一道道防护的墙，这些墙包括着顽固的传统、组织化的宗教、各种社会理论、世俗的偏见、人心的堕怠、人性的弱点，在这些墙上写着各种名声、财富、荣誉以及各种被人们挂在口头上的小小的美德，这一切使得原来的生命远离了生命之道，远离了时空的生命之道。

> 孟子曰："可以速而速，可以久而久，可以处而处，可以仕而仕，孔子也。"孟子曰："伯夷，圣之清者也；伊尹，圣之任者也。柳下惠，圣之和者也；孔子，圣之时者也。孔子之谓集大成。集大成也者，金声而玉振之也。金声也者，始条理也。玉振之也者，终条理也。始条理者，智之事也。终条理者，圣之事也。智，譬则巧也；圣，譬则力也。由射于百步之外也，其至，尔力也；其中，非尔力也。"[①]

宇宙的变化是生生不已的，人生的变化也是无常的，所以对于单个的生命来说总是显得脆弱，没有安全感。人人都希望寻找一个安全没有危险的地方生活下去。人们在寻求安全的过程中，忘记了人心和人性本身的使命，忘记了活着要充满爱心，迷失了走向真理的道路。在人与人之间树立起了许多无形的墙，本来是想保护自己的围墙，却变成了限制我们发展的障碍。只有回到生命的自然状态，一切才有可能恢复到人生的常态，回复到对时空生命之道的体悟上来。

①《孟子·万章下》。

3. 时间的不可逆性

霍金指出至少有三种不同的时间箭头：第一是热力学时间箭头，在这个时间方向上无序度或熵增加；然后是心理学时间箭头，这就是我们感觉时间流逝的方向，在这个方向上我们可以记忆过去而不是未来；最后，是宇宙学时间箭头，在这个方向上宇宙在膨胀，而不是收缩。①霍金对时间方向的区分相当清晰。这种理论告诉我们，时间就是一个黑洞，不停地吞噬着宇宙的一切生命和存在物。在时间中一切都最终归于寂灭和平等。科学创造一切人类希望出现的东西，科学探索一切人类希望了解的东西。时间问题本身就是一个黑洞，它吞噬着一切生命，消耗着一切有活力、有能量的东西。在这个无边界的时间黑洞中，一切终将变成无，变成不存在。时间的不可逆性诉说着时间的奥秘和本质。

史蒂芬·威廉·霍金（Stephen William Hawking，1942~2018）英国剑桥大学应用数学及理论物理学系教授，当代最重要的广义相对论和宇宙论思想家，被称为当代最伟大的科学家之一。他因患肌萎缩性侧索硬化症，被禁锢在轮椅上达40多年之久，他却身残志坚，努力发奋成为国际物理界的超新星。《时间简史》是霍金的代表作。在这本书中，霍金试图勾勒出我们心目中的宇宙历史——从大爆炸到黑洞。

① [英]史蒂芬·霍金:《时间简史》,许明贤、吴忠超译,长沙:湖南科学技术出版社1999年版,第132~133页。

二、时间观的变革

人类对时间的认识是与科学的发展联系在一起的，科学上的每一次重大变革，必然带来时间观上的重大变革。时间观的第一次变革是由爱因斯坦完成的，他使时间观念从绝对走向相对；第二次变革是由普里戈金提出的，他使时间观念从外部到内部，从物理性到生命性。

（一）从绝对时间到相对时间

建立在机械论自然观基础上的牛顿的时间观是绝对的时间观。所谓“绝对时间”，是指在宇宙中处处流逝着相同的、均匀的、不依赖于任何外部事物的时间。绝对时间强调同时性的绝对性，任何人都可以决定性地测量两个事件之间的时间间隔，只要有好的钟，不管如何测量，这个时间都一样的。绝对时间认为时间与物质无关，也就是说时间虽然是通过物质的运动来量度的，但是物质的存在不是以时间的形式作为证明。时间是外在于物体的，是衡量物体运动的一种框架。这种时间观带有很大的先验性。

爱因斯坦的相对论为我们破除了这种先验论，从绝对时间走向相对时间。相对时间观强调同时性的相对性。爱因斯坦的狭义相对论认为，时间并非处处相同，而是随运动的情况不同而不同。对于整个宇宙来说，不存在统一的时间。在某一坐标系中同时发生的两个事件，在另一相对于此坐标系运动的坐标系中，将不同时，因此，是否“同时”与所选择的参照系有关，参照系变化时，不同时的事件可能变得同时，同时的事件也可能变得不同时。相对时间观认为时间与物质相关联。从本质上说，时间是事物的一种存在方式，时间的流逝是事物固有的属性，没有客观事物的运动变化，时间也就不存在。时间随物质及其运动而变化。

（二）从相对时间走向生命时间

不管是牛顿的绝对时间观，还是爱因斯坦的相对时间观，都强调时间的外在性、非主体性和时间的对称性。普里戈金提出的内部时间则将时间概念深入到了物质内部——物质演化过程，使得时间具有生命性和不可逆性。系统论、耗散结构理论认为，时间是系统内的一种参量、一种动力，由它决定的熵区分了系统的过去和将来。一个系统由潜熵向熵的转化是系统生命演化的动力，因此系统的转化能力就是系统生命的标志，而描述这一能力的参量“熵”是内部时间的函数。内部时间决定了系统的演化，与之相应的就是生命本身。时间由系统演化的不可逆“动势”而产生，时间的指针不是由机械运动，而是由生命演化带动的。与此相应，内部时间是对称破缺和不可逆的，具有方向性，此方向与熵增方向一致，由此表示系统产生、发展和消亡的演化过程，这个过程是不可逆的。这种内部时间我们称之为生命时间。

三、时空边界

人类对时空的认识经历几次重大的变革，科学发展的历史表明人类对时间和空间的把握是不断变化的。如何从哲学的角度理解时间和空间，除了以上所分析的对时空的看法之外，我们必须确立起一种对于时间的哲学理解。这就是我们提出的三界时空理论。

> 从情感方面说，我总觉得印度思想中的“如如”（引用张申府先生底名词）最“本然”，最没有天人底界限。我们既可以随所之而无不如如，在情感方面当然最舒服，中国思想中的“道”似乎不同。我觉得它有由是而之焉的情形。有“是”有“由”，就不十分如如。可是“道”不必太直，不必太窄，它底界限不必十分分明；在它那里徘徊徘徊，还是可以怡然自得。希腊底Logos似乎非常之尊严；或者因为它尊严，我们愈觉得它底温度有点使我们在知识方面紧张：我们在这一方面紧张，在情感方面难免有点不舒服。①

（一）宇宙时空

宇宙时空是指时空的原始和终极状态，是宇宙间万物开始存在和最终灭寂的尺度。哲学形而上学的思考是以宇宙时空为底线的，这是人类不可说又勉强为之说的对象。可道之道非常道，可名之名非常名。世界的生灭变化是人类探索宇宙存在根源的指向，究竟是否存在这样的时空架构是无从证明的。宇宙时空就是从世界存在的实际状态来界定这个世界的，它所表明的无非是宇宙原来的样子就是它本身。人类力图去揭示和论证的无非是人类思想

① 金岳霖:《论道》,北京:商务印书馆1987年版,第19页。

中存在的一类时空意识，这种时空意识从本源上来说又是属于世界本身的。因为有了世界才有我们人类。

在宇宙的时空边界中，一切关于生灭变化的事件，一切差别、等级、限制、障碍，一切社会性的功名利禄，一切关于进步和落后，一切竞争、淘汰……之类的观念都会静止下来，都会在宇宙的大洪流中消失。人间创造出来的千变万化的东西在宇宙的自然伟力面前都趋于永恒。因而，我们又可以说宇宙时空是不可定义的、不可说明的。

天其运乎？地其处乎？日月其争于所乎？孰主张是？孰维纲是？孰居无事推而行是？意者其有机缄而不得已邪？意者其运转而不能自止邪？云者为雨乎？雨者为云乎？孰隆施是？孰居无事淫乐而劝是？风起北方，一西一东，有上彷徨。孰嘘吸是？孰居无事而披拂是？敢问何故？①

无边色相，圆满光明，遍周法界，等无差别；演一切法，如布大云。一一毛端，悉能容受一切世界而无障碍，各现无量神通之力，教化调伏一切众生；身遍十方而无来往，智人诸相，了法空寂。三世诸佛所有神变，于光明中靡不咸睹；一切佛土不思议劫所有庄严，悉令显现。②

起初神创造天地。地是空虚混沌，渊面黑暗；神的

①《庄子·天运》。

②《大方广佛华严经》卷第一。

灵运行在水面上。神说:“要有光”,就有了光。神看光是好的,就把光暗分开了。神称光为昼,称暗为夜。有晚上,有早晨,这是头一日。

神说:“诸水之间要有空气,将水分为上下。”神就造出空气,将空气以下的水、空气以上的水分开了。事就这样成了。神称空气为天。有晚上,有早晨,是第二日。

神说:“天下的水要聚在一处,使旱地露出来。”事就这样成了。神称旱地为地,称水的聚处为海。神看着是好的。神说:“地要发生青草和结种子的菜蔬,并结果子的树木,各从其类,果子都包着核。”事就这样成了。于是地发生了青草和结种子的菜蔬,各从其类,果子都包着核。神看着是好的。有晚上,有早晨,是第三日。

神说:“天上要有光体,可以分昼夜,作记号,定节令、日子、年岁,并要发光在天空,普照在地上。”事就这样成了。于是神造了两个大光,大的管昼,小的管夜,又造众星,就把这些光摆列在天空,普照在地上,管理昼夜,分别明暗。神看着是好的。有晚上,有早晨,是第四日。

神说:“水要多多滋生有生命的物,要有雀鸟飞在地面以上,天空之中。”神就造出大鱼和水中所滋生各样有生命的动物,各从其类。神看着是好的。神就赐福给这一切,说:“滋生繁多,充满海中的水,雀鸟也要多生在地上。”有晚上,有早晨,是第五日。

神说："地要生出活物来，各从其类；牲畜、昆虫、野兽，各从其类。"事就这样成了。于是神造出野兽，各从其类；牲畜，各从其类；地上一切昆虫，各从其类。神看着是好的。

神说："我们要照着我们的形像，按着我们的样式造人，使他们管理海里的鱼、空中的鸟、地上的牲畜和全地，并地上所爬的一切昆虫。"神就照着自己的形像造人，乃是照着他的形像造男造女。神就赐福给他们，又对他们说："要生养众多，遍满地面，治理这地；也要管理海里的鱼、空中的鸟，和地上各样行动的活物。"神说："看哪，我将遍地一切结种子的菜蔬，和一切树上所结有核的果子，全赐给你们作食物。至于地上的走兽和空中的飞鸟，并各样爬在地上有生命的物，我将青草赐给它们做食物。"事就这样成了。神看着一切所造的都甚好。有晚上，有早晨，是第六日。

天地万物都造齐了。到第七日，神造物的工已经完毕，就在第七日歇了他的一切工，安息了。神赐福给第七日，定为圣日，因为在这日，神歇了他一切创造的工，就安息了。①

（二）历史时空

历史时空是指进入到人类生存活动领域中的时空存在，包括人类对自然历史的不断解读和预测的整个过程。从物理学和天体

①《圣经·创世纪》。

演化的意义上，可以找到这个时空起源的所在，以及这个时空的终极指向。在这一时空中，因为不同区域的人类群体所创造的文化的差别会出现不同的生活样态，这些生活样态和方式造成了不同人群共同体的差异。这是人类迈向永久和平的困境之一。如何面对自然的历史和人类发展的传统，成了今天人类需要急于反思的问题。

从人作为社会存在的角度来谈论时空的性质和人的存在的关系是历史时空的特点。历史的时空主要是以人的存在为前提的，但是如果过分强调人的存在对于自然存在的二分性或超越性，往往会造成灾难性的后果。这是西方文化的一种主要特征，也是当今科学文化与人文文化相对立的缘由之一。

> 全部历史是为了使“人”成为感性意识的对象和使“人作为人”的需要成为需要而作准备的历史（发展的历史）。
>
> ……
>
> 对社会主义的人来说，整个所谓世界历史不外是人通过人的劳动而诞生的过程，是自然界对人来说的生成过程，所以关于他通过自身而诞生、关于他的形成过程，他有直观的、无可辩驳的证明。因为人和自然界的实在性，即人对人来说作为自然界的存在以及自然界对人来说作为人的存在，已经成为实际的、可以通过感觉直观的，所以关于某种异己的存在物、关于凌驾于自然界和人之上的存在物的问题，即包含着对自然界的和人的非

实在性的承认的问题，实际上已经成为不可能的了。①

（三）生存时空

在具体的作为主体存在的人那里，时间与人的生存状态密切相关。从生理的角度看，人的生存有始有终，但从心理和精神的角度看，对个体生命不能简单的用生灭变化来加以判断。

个体之人在生存时间中永远作为一个逐渐敞开的存在而活动。在自我与他者之间，自我的敞开使个体的生存意义得到提升或降失。他者其实也是我的一个镜面的反映，离开了他者，我的存在也就趋于消失。

我们在与他人打交道的过程中，总是使用时间的问候语，时间作为我们与他人交通的中介带有不言自明的先入性，一下子拉近了我与他人的距离。在运用双方共同切入的时间境遇中双方得以照面、沟通，进而获得共同的理解。

花下酌酒歌

唐　寅

九十春光一掷梭，花前酌酒唱高歌；
枝上花开能几日？世上人生能几何？
昨朝花胜今朝好，今朝花落成秋草；
花前人是去年身，去年人比今年老。
今日花开又一枝，明日来看知是谁？
明年今日花开否？今日明年谁得知？

①《马克思恩格斯全集》第3卷，北京：人民出版社2002年版，第308～311页。

天时不测多风雨，人事难量多龃龉；
天时人事两不齐，莫把春光付流水？
好花难种不长开，少年易老不重来；
人生不向花前醉，花笑人生也是呆。

(2)要用你的心灵牢牢地注视那遥远的东西，一如近在目前。因为它不会把存在者从存在者的联系中割裂，以致分崩瓦解，或者聚集会合。

(3)在我看来，存在者是一个共同体，我就从这里开始；因为我将重新回到这里。

(4)来吧，我告诉你(我的话你要谛听)，只有哪些研究途径是可以设想的。第一条是：存在者存在，它不可能不存在。这是确信的途径，因为它遵循真理。另一条是：存在者不存在，这个不存在必然存在。走这条路，我告诉你，是什么也学不到的。因为不存在者你是既不能认识(这当然办不到)，也不能说出的。①

孔子（前552～前479），根据《史记·孔子世家》记载，孔子出生于鲁国昌平乡陬邑（今曲阜东南）。孔子年轻时家境贫寒，为了谋生做过一些微贱的事情。后来为了宣传自己的理论主张，四处奔波，游说于诸侯，长达14年之久。孔子的时代，周室衰微，礼乐崩坏，孔

① [古希腊]巴门尼德：《论自然》，《西方哲学原著选读》，北京大学哲学系外国哲学史教研室编译，北京：商务印书馆1987年版，第31页。

子为了恢复周礼，与自己的弟子一起对古代的文献进行了系统的整理，包括《诗》《书》《礼》《易》《乐》《春秋》。孔子一生开办私学，宣传仁道思想，编辑古代文献，为中华民族的发展奠定了文化心理基础，其思想影响持久而深远。司马迁称赞孔子为至圣。

※ 小 结 ※

时空的存在是与人的存在直接相关的，我们可以透过对时空问题的追思，寻求对人的生命存在的理解。时空的存在是有自己的边界的，只要把握了时空的边界，以及时空实际敞开的真相，我们就会获得理解世界、社会、人生的第一把钥匙。三界时空指宇宙时空、历史时空和生存时空，这是依据人类反思境遇的不同而做出的区分，是人生在世哲学的理论架构。

参考阅读书目

陈鼓应：《庄子今注今译》，北京：中华书局2009年版。

［德］马克思：《1844年经济学哲学手稿》，《马克思恩格斯全集》第三卷，北京：人民出版社2002年版。

［丹麦］索伦·克尔凯郭尔：《克尔凯郭尔日记选》，晏可佳、姚蓓琴译，上海：上海社会科学院出版社1996年版。

［英］史蒂芬·霍金：《时间简史》，许明贤、吴忠超译，长沙：湖南科学技术出版社1999年版。

［美］威尔·杜兰特：《哲学的故事》，金发燊等译，北京：三联书店1997年版。

习作选

时空边界论初议[1]

人类不知缘自何时有此时空观念。作为观念的时空是真有的，既可以是先天的存在于人的意识活动中，也可以现实地以时空的架构表现出来。

作为真实的时空是虚在的，时空之虚一如观念之虚，是瞬间的，但又是常有的。

时空不可思议，也不能思议。谁若思议时空，谁就会被时空缠绕，直至死亡，或向时空观念主动让步、投降。因为时空不可思议。

现实的、生活的、感性的时空是可以思议的，也是可以存在的。不仅能够用观念表示出来，也可以现实地加以感觉。但这只是可以思议的感性的、物理的时空。科学家眼中的时空大体如此。但是科学家却无法突破感性的时空，进入绝对的时空。

绝对的时空自然而然地是不能思议的，也是不可思议的。它只存在于无之中。

感性的时空可以用边界论。绝对的或曰本体的时空不能以边界论。

稍作思考，便会发现时空本无边界，一切边界的时空的想法都是一种幻想，一种幻觉，一种无可奈何的观念之存在，一种矛盾无已的存在。

① 所选习作除注明有出处的以外，皆是本书编著者作品。

但是时空边界之观念却是极有效用的。一切因其在无边界的时空之中存在，故而一切存在均是完满的。若有人认此存在是非完满的，欲施以影响和改变，便可以用时空边界之观念去衡量。所有的人均找不到时空的最终边界，便只好退到他能够思议的“边界”旁边，放弃一切，承认一切存在的完满性。

这样，我们便可以称此时空为一混沌，为一不生不死、不无不有、不空不实、不虚不在的东西，或曰纯有，纯存在。

一切在时空边界面前都是永远平等的，时空边界可以消除一切生老病死、喜怒哀悲。换言之，可以解决一切人生问题。

时间与生命[①]

将时间和生命联系在一起，时间被理解为变易、流动的节律，以流动的时间去统领万物，世界乃是生生不已的生命整体。这种时间观给予四时以特别的注意，四时模式突出的不是一个时间展开的序列，而是生命变化的模式；这种时间观还将时间和空间“裹”为一体，以时统空，它不是原始思维的时间观，而是一种深邃的生命思考；时间在这里不是一维延伸的过程，而是无往不

① 此篇文字摘自朱良志:《中国艺术的生命精神》，合肥:安徽教育出版社2006年版，第40页，第342～343页。标题为本书编著者所加。

复的展开，在生命的视点中，时间似乎也是可逆的；时间的流动中还彰显出一种生命的节律，并由此契合大化流衍节奏的独特哲学观念，等等。这是一种重视生命的时间观，姑且称之为“生命时间观”。

……

从时间上看，新是相对于故而言的，是在时间流动中呈现的变易。古代哲学有会通适变的思想，在这个意义上，新就是要避熟。从空间上看，新是相对于时尚风习而言的，中国古代孤迥特立、独立不羁的哲学思想就强调对世俗的超越。在这个意义上，新又是要避俗。避熟和避俗就是避免成法，但要真正做到戛戛独造、别故致新，必须要遵循一种活法，就是从自己的心灵出发，一任性灵自由挥洒，宣畅自己的内在创造力。不必追慕古人，不必仰息时尚，我手写我口，我书吐我心，发我之肺腑，吐我之肝胆。人心不同，其异如面，从自己的真实生命、真实体验出发，就会时时新，日日新，无往而非新鲜通灵。

哲学的种类

哲学的种类繁多，难以计数，撮其要者，约略如下：

原始的自然哲学，此类哲学无分化，观念笼统，结构单一，属于原生态的哲学。此类哲学虽产自古代，然而在以后的任何时代均有其表现。如某一人自觉的自我的哲学创造，虽不能得哲学专家之认同，也难以获得哲学的历史地位，但由于此哲学能够满足某一人或一类人的自我精神需要，始终存在于世间又是必然的。

技艺的思辨哲学，此类哲学伴随着古代思辨术的产生而发展出来。其哲学富于精致的概念辨析，千回百转，然其所论问题都有自己的旨归。思辨的类型有辨证的，也有形而上学的，这是工艺哲学的思辨性所在。这类哲学可以创造得像一件精致的工艺品一样，放进哲学的历史博物馆，供喜爱思辨的人以娱乐，因为它展示了人类思维能力的种种极限所在，是锻炼思维术的最好的方法，也是哲学的纯粹性的好玩的一面的表现。如智者学派、诡辩论者，公孙龙、惠施的哲学，逻辑哲学、语言哲学的某些类型，佛教哲学中的一些理论争辩等等。

实践的社会哲学，此类哲学讨论问题广泛，涉及领域众多，其目的是为人类组成的社会提供方向性的、坐标性的指导，这是创作这类哲学的人的出发点和归宿。由于社会哲学的强烈的实践性，在社会哲学的发展过程中，其理论之间的争辩非常的激烈，常常会出现不是你死就是我亡的局面。虽然存在哲学理论之间的融合，但主要是以批判的继承为主要方式。实践的社会哲学直接关注社会的政治、经济、文化、宗教等等方面的变迁，反思社会生活的变化，提出从哲学层面的解释理论。这类哲学流派纷呈，参与者众多，尽管他们当中有些哲学家并不以哲学为名。哲学历史中主要的哲学家皆是以此为名的，如老庄孔孟、柏拉图、亚里士多德、康德、黑格尔、马克思、尼采，等等。

以上哲学分类虽然有其实际的表现，但是在同一个哲学家那里，却可以创造出不同类型的哲学，这是毫不奇怪的。如黑格尔的逻辑哲学就包含着技艺哲学的成分，精神哲学就带有自然哲学的意味，有些自娱自乐的表现，法哲学又是典型的实践的社会哲学。

思考题

1. 请举出一些中西方诗歌或其他艺术作品中对时空描述的例子，并运用时空边界理论加以阐述。

2. 反思你自己曾经有过或正陷入其中的对于时空问题的困惑，你觉得应当如何摆脱这些困惑？

3. 试写一首诗歌、歌词或一篇随笔、日记，阐发你对时空问题的看法。

第二讲　人生在世之始
——自然哲学论

问题导入

1. 我们生存的这个宇宙是否是唯一的，如果不是，你相信还存在多少个类似于我们当前生存的宇宙？我们这个宇宙从何而来，又向何而去？这个宇宙一直如此吗？

2. 构成宇宙的基本元素有哪些？你认为有宇宙之砖一类的东西存在吗？它们是以什么样的方式表现出来的？

3. 人的存在与周围自然世界的存在有什么样的关系？人的存在本质是由人自身还是由自然决定？人能够与自然和谐共处吗？

4. 自然的演化对于人类发展的影响是什么？人类的未来与自然的未来是否处在同一个发展轨迹之上，如果是的，人类应当如何发展？

阅读材料

长沮、桀溺耦而耕，孔子过之，使子路问津焉。长沮曰："夫执舆者为谁？"子路曰："为孔丘。"曰："是鲁孔丘与？"曰："是也。"曰："是知津矣。"问于桀溺。桀溺曰："子为谁？"曰："为仲由。"曰："是鲁孔丘之徒与？"对曰："然。"曰："滔滔者天下皆是也，而谁以易之？且而与其从辟人之士也，岂若从辟世之士哉？"櫌而不辍。子路行以告。夫子怃然曰："鸟兽不可与同群，吾非斯人之徒与而谁与？天下有道，丘不与易也。"①

唯天下至诚为能尽其性。能尽其性，则能尽人之性。能尽人之性，则能尽物之性。能尽物之性，则可以赞天地之化育。可以赞天地之化育，则可以与天地参矣。②

天有四时，春秋冬夏，风雨霜露，无非教也。地载神气，神气风霆，风霆流行，庶物露生，无非教也。③

事实上，如果人们让自己的心灵对这样的考察和上述的东西思索一番，那么，在晴朗的夜晚遥望繁星密布的天穹，就会是只有高贵的灵魂才能感到的一种享受。在大自然万籁俱寂、感官歇息的时候，不朽精神的隐秘认识能力就会说出一种无法名状的语言，给出一些未展开的概念，这些概念只能感受，却无法描述。如果在这

①《论语·微子》。

②《礼记·中庸》。

③《礼记·孔子闲居》。

些行星上能思维的存在物中间有一些低贱的存在物，他们不顾一个如此伟大的对象能够用来吸引他们的所有魅力，依然能够顽固地受虚荣心役使，那么，这题行星居然培育出这样的可怜虫，该是多么不幸啊!但另一方面，由于在一切最值得设想的条件下，为它开启了一条通达幸福和崇高的道路，这种幸福和崇高远远超过了大自然在所有天体中最有利的安排所能达到的优越性，它又是多么幸运啊！①

请你问一下自己，那个无限的过程本身对理性的思维来说是否存在。既然你提出自然界和人的创造问题，你也就把人和自然界抽象掉了。你设定它们是不存在的，你却希望我向你证明它们是存在的。那我就对你说：放弃你的抽象，你也就会放弃你的问题，或者，你想坚持自己的抽象，你就要贯彻到底，如果你设想人和自然界是不存在的，那么你就要设想你自己也是不存在，因为你自己也是自然界和人。不要那样想，也不要那样向我提问，因为你一旦那样想，那样提问，你把自然界和人的存在抽象掉，也就没有任何意义了。②

最终决定我们社会的将不仅仅在于我们创造了什么，还在于我们拒绝去破坏什么！③

①［德］康德：《一般自然史与天体理论》，载李秋零主编《康德著作全集》第1卷，北京：中国人民大学出版社2003年版，第342页。

②《马克思恩格斯全集》第3卷，人民出版社，2002年版，310页。

③［美］爱德华·威尔逊：《生命的未来》，陈家宽、李博、杨凤辉等译校，上海：上海世纪出版集团2005年版，扉页引约翰·索绪尔语。

人类追问自身的问题总是与人类在世的方式有关，我们常要寻求人生在世的方式与意义，哲学反思提供的智慧是解决这些问题的最为根本的方法。哲学之思的方式又总是建立在对人生在世前提的认识之上，这就要寻求人类来源的所在——自然的本质。我们把自然的存在作为人生在世之始，对自然的探问也可以从时空的角度加以把握。

自然的存在方式决定着人的存在方式，自然是人类生存的基础，自然在其演化过程中展示的自然之书时刻启示着人。人类在其漫长的发展过程中，通过对自然之书的阅读、解密，慢慢对自身的存在状态得以了解和把握。以此为基础，人类逐渐确立起与自然的共生关系，朝着人与自然和谐的方向发展。

一、何谓人生在世

人生在世是挂在我们口头的话，这句话不仅是对我们生命状态的解释，也包含着人生与在世的关系，还蕴含着人生在此世上等多重含义。通过对人生在世语言结构的分析，我们至少可以得到以下三重的理解。

（一）人生在这个世界上

人生在或住在这个世界上，这是一个本然的事实，也是宇宙自身长期存在的一个事件。作为人，我们无法否认人类已经存在于这个世界的事实，过去的人、现在的人、将来的人都会生在这个世上，而不会是另外的一个世上。这个世界只有一个，这是从世界的唯一性角度来说的。古代哲学家就曾提出这样的问题，“为什么这个世界有而不是无?”这样的问题可以说是不用回答的，不用回答就是一种隐含的回答。

佛教所说的六道轮回，三千大千世界与这里的意思不相矛盾。因为我们这里所说的这个世界就是指人所生存的所在，至于人是否会以其他的方式存在某个别的世界上，不是我们讨论的范围，也是到目前为止人类还无法加以讨论的。在这个意义上，我们说，人生在这个世界上具有惟一性、本然性。因而，剩下的问题是我们为何生在这样的世界上。人生在这个世界上意味着什么？人与这个世界的关系如何？我们能够为这个世界干点什么？这个世界又能够为我们人的生存提供什么？诸如此类的问题促使人类去反思，去寻找人生在这个世界上的目的。

古希腊哲学家普罗泰戈拉说：“人是万物的尺度”，中国古代人也认为“天生百物人为贵”，宗教学的理论认为神或上帝创造了人，上帝是按照自己的样子造人的，传说中的女娲是用土来造人的。这些说法无一不昭示着人生在这个世界是个不争的事实。这是人生在世的最基本含义。

（二）人生与在世

人生在世除了表明人生在这个世界上以外，还包含着人生与在世这样的含义。人生说的是人的生命过程，是人不断展现自我存在的持续过程；在世指的是这个世界存在着，世界的生灭变化与人生息息相关。因而人生与在世之间有着非常复杂而深刻的关联。

人生不是单一的、孤独的过程，在世不是惟一的、无关人生的所在，二者密切相关。人生若要展开并进而持续下去，就不得不面临在世的状况。人生是在世的人生，在世是人生的在世。万物的在世不同于人生的在世，在世中的万物也不同于在世的人。人生与这个世界的在的状态生发出无穷的关系，人生就是在这些无穷的关系中回旋周折，激荡澎湃，源泉混混，不舍昼夜。人与这个世界一道创造着各种奇迹般的存在。人生因为在世而精彩，世界因为人生而明亮。

观水有术，必观其澜。日月有明，容光必照焉。流水之为物也，不盈科不行；君子之志于道也，不成章不达。[①]

问："人心与物同体，如吾身原是血气流通的，所以谓之同体。若于人便异体了，禽兽草木益远矣，而何谓之同体？"先生曰："你只在感应之几上看，岂但禽兽草木，虽天地也与我同体的，鬼神也与我同体的。"请问。先生曰："你看这个天地中间，甚么是天地的心？"对曰："尝闻人是天地的心。"曰："人又甚么叫做心？"对曰："只是一个灵明。""可知充天塞地中间，只有这个灵明。人只为形体自间隔了。我的灵明，便是天地鬼神的主宰。天没有我的灵明，谁去仰他高？地没有我的灵明，谁去俯他深？鬼神没有我的灵明，谁去辩他吉凶灾祥？天地鬼神万物，离却我的灵明，便没有天地鬼神万物了。我

①《孟子·尽心上》。

的灵明，离却天地鬼神万物，亦没有我的灵明。如此，便是一气流通的，如何与他间隔得！”又问：“天地鬼神万物，千古见在，何没了我的灵明，便俱无了？”曰：“今看死的人，他这些精灵游散了，他的天地万物尚在何处？”①

我—自我与世界的相互依赖，就是基本的本体论结构，它包含了其他的一切。……没有世界的自我是空的，没有自我的世界是死的。②

（三）人生正在此世

如果说人生与在世表达的是人与世界的横向联系和沟通，那么人生在此世上就是一种纵向的勾连，是指人生正在这个世上。我们对于人生与在世的关系都有着深刻的体会，但是却对人生正在此世往往不当回事，以为这是无需说明的东西。正是由于我们忽略了人生正在这个世上的事实，因而我们在面对很多问题的时候就会采取倒退或前推的方式，把正在此世的事实回溯到过去的时空中，或者引推至将来的时空，消除了对正在此世状态的理会。这一做法导致的结果使人们回避人生正在此世的事实，转向了各种观念的虚构当中。

认清人生正在此世是对人类生命之流的体认，不仅现世的人生正在此世，过去的、未来的各种人生也都因为生命之流的绵延而正在此世。人生正在此世是对人生根源和终极处的最高领悟，

① 王阳明：《传习录下》，《王阳明全集》，上海：上海古籍出版社1992年版，第124页。

②《二十世纪西方宗教哲学文选》上卷，上海：三联书店1991年版，第827页。

有了这种领悟，人类直面人生和世界就不会再成问题。自然之在与人类之在就真正进入人类的视野，自然所在和人生所在之间关系的秘密就会逐步敞现。

二、自然的存在方式

自然是人类之母。人类是在自然长期演化过程中产生的，也是自然孕育出来的。自然的存在方式决定着人类的存在方式，认识自然就是认识人类自身。如何更好的理解我们自身存在的秘密，必须研究自然存在的本质。这是一个双向的过程。我们这里所说的自然包括狭义的自然界和人类所创造的人化自然，是广义的自然。

（一）自然存在的最终形态——能量

从物理学的角度我们可以说能量是与场、物质相联系而又具有不同于场、物质的宇宙基本元素之一。

按照现代物理学的观点，真空并不是真正的虚空。真空是量子场系统的基态，即能量最低的状态，没有任何物质粒子的状态，是存在的最基本的形式。真空实际上是负能量的电子海。原始宇宙就是这样一种真空状态，它是只有超引力在起作用的超统一场，包括正负电子对在内的各种基本粒子对随着这种场的激发成对地产生，又随着这种场的退激而成对地湮灭。能量的不可灭性决定了自然界发展的永恒性，这种永恒性是以循环运动的方式出现的。但是这种循环不是一种重复运动，而是不断变化的。这是从宇宙时空的角度对自然存在方式的判断。

一阴一阳之谓道，继之者善也，成之者性也。仁者见之谓之仁，知者见之谓之知，百姓日用不知，故君子之道鲜矣！显诸仁，藏诸用，鼓万物而不与圣人同忧，盛德大业至矣哉！富有之谓大业，日新之谓盛德。生生之谓易，成象之谓乾，效法之谓坤，极数知来之谓占，通变之谓事，阴阳不测之谓神。①

视之不见名曰夷。听之不闻名曰希。搏之不得名曰微。此三者不可致诘，故混而为一。其上不皦，其下不昧，绳绳不可名，复归于无物。是谓无状之状，无物之象，是谓惚恍。迎之不见其首，随之不见其后。执古之道，以御今之有。能知古始，是谓道纪。②

人类就是能量，如果他不寻找真理，这份能量就具有破坏性。因此，社会就必须控制并且使人成形，在这个过程中，人的活力就被扼杀了，这就是发生在世界上大多数成年人身上的事。……

教育的功用就是使个人释放出追求圆善、真理以及神的活力，这份活力自然会使他成为一个真正的人，因此，他必定是好公民。但是如果我们只有规范，而缺少了对这一切的了解，那就是没有意义的，而且是具有破坏性的。除非你们每一个人都受到这样的教育，那么当

①《易经·系辞上》。

②《老子》第十四章。

你们离开学校进入社会时，你们才能充满了生命力和智慧，才有足够的能量去发现什么是真理，否则你只会被社会吞没，你会被扼杀和毁灭，你的余生必定是可悲而痛苦的。就像河流创造了阻挡自己的河岸一样，追求真理的活力不需要任何压力就能自己创造出规范，如同河流寻找到大海一般，这股活力必定也能找到自己的解脱。①

人作为自然的存在所具备的活力就是一种能量。虽然这种能量从物理学的角度可以分析成诸如动能、热能、化学能、生物能、光能等各种形式能量的存在状态，但是归根结底都属于人的生命所拥有的活力。唤醒、激发、培养生命的活力，永远是人接受教育的目的。人类社会业已形成的各种文化模式都存在着扼杀、限制人心和人性成长的东西。如何破除这些模式的羁绊，是人类必须认真面对的。人类创造出来的各种价值如仁爱、恻隐、自由、民主、平等，就是人类活力不断得到激发的产物，实现这些价值存在着各种困难，这就需要教育来完成。教育不仅培养人们认识这些价值的能力，而且还激活人心和人性创造出更高的价值，因为人心和人性自然就具备这种活力。正如人被自然创造出来一样，这些人类追求不已的价值也是被人类所不断创造的。

（二）自然存在的活动形态

能量作为自然存在的终极形态，是指自然万物无论以何种方

① ［印度］克里希那穆提：《人生中不可不想的事》，叶文可译，北京：群言出版社2004年版，第249~251页。

式表现出来，都最终依托于能量。能量消失了，万物就毁灭了，能量出现了，万物就存在了。这是从宇宙时空的角度来言说能量存在的意义。万物毕竟总是以千变万化的方式存在着，讨论万物的具体存在方式就要进入到构成宇宙的另外一些基本元素，主要包括物质、场、信息和意识。

物质是同场和能量既有联系又有区别的宇宙的一种元素，它是由具有质量、广延和不可入性的多种基本粒子构成的所有单质和化合物的总称，它们是构成宇宙中所有物体的质料。在这个意义上我们可以把物质称之为“宇宙之砖”。

从物理学上讲，场是各点具有相同属性的连续空间。场不是物质的某种状态，而是相对独立地存在的客体，场具有能量和质量，爱因斯坦著名的质能公式$E=mc^2$就是对电磁场的能量和质量关系所进行的描述。物质存在是有形的，场是无形的，但都是能量的存在。我们可以从这两种存在的方式理解万物存在的本性。因为二者存在的本质都是能量，所以说，有物质存在的地方就有场的存在。不过场表现的形态是千差万别的，如电磁场、引力场、生物场、信息场，中国传统医学所说的气场，都是场的存在的具体形态。由于人类对场的认识还不充分，有些场的存在还不能以确定的、严格的科学方式加以描述，如信息场、气场等。随着人类科学的发展，对万物存在形态认识的深入，各种场的本质一定会被揭示出来。

信息是在场、能量和物质的基础上进化出来的宇宙的第四种元素，它是通讯系统中信宿收到而信源并未失去的某种东西。信息不直接表现为某种实体的存在，信息的变化也不遵守能量守恒定律，信息对于能量的依赖方式区别于物质和场。信息可以被无数次的复制，这是人类认识信息之后获得的对世界理解的最重大的突破。信息的这一特征改变了人类对世界的看法。人类追求的物质永恒性在信息的无穷复制面前变得不足称道，保存信息成了人类未来发展之路的前提。如种子库、基因库、各种大型数据库的建立，是现代社会人类自我保存方式的革命性变革。随着人类对信息认识的深入，自然万物存在的本质也就越来越能够被人类所把握了。

> 如果不过分认真地考虑“世界”或“宇宙”一词，我们就可区分下列三个世界或宇宙：第一，物理客体或物理状态的世界；第二，意识状态或精神状态的世界，或关于活动的行为意向的世界；第三，思想的客观内容的世界，尤其是科学思想、诗的思想以及艺术作品的世界。①
>
> 我们每一个人都在为第三世界的成长做贡献，但我们几乎所有的贡献都是微不足道的。我们大家都想掌握这个世界，我们没有一个人能够脱离它而存在，因为我们大家都使用语言，没有语言我们几乎就不成为其人。然而第三世界已经发展到远非任何个人、甚至所有的人能够掌握的地步（例如，存在不可能解决的问题就说明这点）。它对我们所起的作用，比起我们对它所起的创造

① [英]卡尔·波普尔:《客观知识》,舒炜光、卓如飞等译,上海:上海译文出版社 1987 年版,第 114 页。

> 作用，已经变得更加重要了：更加关系到我们的成长、甚至关系到第三世界自己的成长。因为第三世界的成长几乎全部归功于一种反馈作用，归功于发现自主的问题这种需要，虽然其中有很多问题可能永远是我们掌握不了的。而且发现新问题的这种刺激性的任务将永远存在，因为永远有无数的问题是没有发现的。尽管第三世界是自主的，也正因为它的自主性，独创性的工作永远有用武之地。①

意识是在场、能量、物质和信息的基础上进化出来的，主要是在人的大脑活动中表现出来的一种察觉和对这些察觉的察觉。意识区别于物质和场，意识没有广延，只在时间中流变，有着独特的精神性、纯粹内在性、直接所予性和不言自明的存在性，是一个自主的、自洽的统一体，是宇宙当中迄今为止人类所知的最高存在。意识的存在和活动是一个复杂的现象和过程，不能简单还原为能量、物质、场和信息的某种变化，因而对意识的认识是理解宇宙变化的最为艰难的阶梯。人类何时揭开意识之谜，登上意识显现的澄明之路，人类自我认识的道路就真正的向人类开启，宇宙之谜的解答就会充满曙光。

---

①［英］卡尔·波普尔:《客观知识》,舒炜光、卓如飞等译,上海:上海译文出版社1987年版,第171～172页。

西格蒙德·弗洛伊德（Sigmund Freud，1856~1939），犹太人，奥地利精神分析学家，精神分析学的创始人，被世人称为“精神分析之父”。他提出了“潜意识”“自我”“本我”“超我”等概念，其理论成就对哲学、心理学、美学甚至社会学、文学等都有深刻的影响。代表作有《梦的解析》《精神分析引论》等。

显然，意识是宇宙进化沿着一条向上的特殊轨线在地球特定条件下的产物。在意识的进化过程中伴随着信息的进化。值得注意的是，对人类原始思维的研究和对儿童思维发展过程研究方面的成果都告诉我们，即便有了比较发达的大脑皮层，能够用语言符号对简单的语义信息进行编码，但从原始的朦胧的自我意识到发达的明晰的意识，也还有一个相当长的进化过程。对这一过程的理解就更加困难了。

三、自然存在与人的存在

宇宙时空演进到历史时空，自然和人的区分就出现了。人虽然来自于自然，但是人的存在和自然存在的本质还是有区别的。

（一）自然的存在

考察自然存在的本质需要对自然物的存在本质进行反思。自然物包括无机和有机世界的存在物。从生物学的角度可以分成无生命物和生命物，生命的高级形式就是人的生命。

从永恒存在的角度看，一切自然物皆是能量的存在方式。随着能量、物质、场、信息构成的复杂程度，自然物也显现出存在的不同层次，结构最为简单的就是无机物以及低级的生命，结构复杂的就是高级的生命形式。

自然存在的不同层次是人类认识自然的前提，是人类科学分门别类的基础。科学认识的历程遵循着从整体到部分，再从部分到整体的规律，这是由人类对自然认识的特点决定的。科学认识走向综合的一天是人类对自然之谜破译的开始。

（二）人的存在

自然的长期演化孕育了人的存在，人是自然历史演进的产物。在这种意义上我们说人也是自然的存在，是自然存在的特殊形式，这也是从人自身的角度而言的。从物质存在的角度看，人的本质从属于自然界的本质，同样是由物质、能量、场、信息构成的。但是由于人的意识的出现，使得人的生命形式大大不同于其他生命形式。如荀子指出："水火有气而无生，草木有生而无知，禽兽有知而无义；人有气、有生、有知，亦且有义，故最为天下贵也。"[①]

①《荀子·王制》。

戴震（1724～1777），字东原，安徽休宁人。清代考据学家、思想家、哲学家。乾隆年间为《四库全书》纂修官。一生著作很多，包括算学、天文、地理、声韵、训诂、考据、哲学等多方面内容。戴震从人的自然存在本质出发批判了传统的理学思想，代表作是《孟子字义疏证》。

由于人的存在来自于自然，又高于自然物的存在，分析、理解人的生命存在可以从两个方面予以把握。我们可以将人的生命存在与自然物的生命存在相比较，一方面人的生命存在既有与动物相同的生命，这是物种规定的本能生命，这是有形的肉体生命，也可以称之为本能的生命存在；另一方面人的生命存在又有创造的本性，属于人的自主生命，这个创造的过程主要是进行文化的创造，是无形的文化创造，属于社会性的生命，摆脱了种群生命特征的具有智慧的生命存在。

人的本质不是单个人所固有的抽象物，在其现实性上，它是一切社会关系的总和。

全部社会生活在本质上是实践的。凡是把理论引向神秘主义的神秘东西，都能在人的实践中以及对这种实践的理解中得到合理的解决。①

根据人的生命存在的这种状况，我们可以对人性作出初步的

①《马克思恩格斯选集》第1卷，北京：人民出版社2012年版，第135~136页。

规定：首先，人性既有物性又有超物性的特点，有非人的又有超人的特征；其次，人性既是个体的生命之性，又是人类整体的生命之性，是统一性和差异性的结合；最后，人性既是历史的，又是朝向未来的。有前定的特征，又有永远处在生成之中的各种属于未来的规定性。所以说人性是自然的、历史的、社会的、具体的、生动的、个性的，不是某种确定性的存在。

哲学问题

天人之辩：这是中国哲学提出的独特的哲学问题。天主要指天道、自然、宇宙一类的存在，与人、社会相区别；人是指人道、社会一类的存在，与自然、万物相区别。先秦时期，天人之辩是百家争鸣的中心问题。孔孟主张敬畏天命，但也讲求人为，孟子提出：“尽其心者，知其性也。知其性，则知天矣。存其心，养其性，所以事天也。”（《孟子·尽心上》）道家主张天人之间应该达到自然的和谐，“人法地，地法天，天法道，道法自然。”（《老子·二十五章》）荀子则明确提出“明于天人之分”，主张“制天命而用之”，区分天道与人道，强调人道自为的重要性。汉代的董仲舒构建了一套天人感应的天人合一宇宙论模式，提出天人之道兼举，对中国人的人生在世方式产生了重要的影响。宋代理学主要从人与天地万物为一体的角度论证天人合一的思想，提出了“物我合一”“民胞物与”的命题。

对天人之辩的反思代表了中国哲学试图贯通天地、人物，消弭天道与人道之间的隔阂、障碍，从而使得人的在世状态达到一种高举、旷世的境界。这是中国人在宇宙时空的层面对世界的独特拷问方式，意义深远。

与这一思考相关，西方哲学家发展了系统的自然哲学理论。在传统的意义上，自然哲学运用对自然的哲学沉思而制造出一般原理以解释自然界的构成材料、基本结构和运动形式。这一研究起源于前苏格拉底哲学。自然哲学是西方形而上学体系的组成部分，康德认为自然哲学确立的基本概念和原理是自然科学知识结构的前提，黑格尔认为自然哲学凌驾于经验自然科学之上，是超越科学的研究。西方哲学的这一思考传统代表了人类追求知识的进路，是在生存时空和历史时空当中的人类追索活动，为人类的发展提供了现实的基础。

四、自然观与观自然

自然观与人类如何观自然是密切相关的，人类观自然的态度直接影响着自然观理论的表达方式。

（一）自然观的演变

从人类科学发展的历史看，出现过几种自然观：原始混沌自然观——机械论的科学自然观——现代混沌自然观。这些都是在人类历史时空中形成的自然观。

原始混沌自然观是在人类历史刚刚开始的时期出现的，人类文明处于萌发的状态。无论是对自然本质的理解，还是对人类自身本质的反思，都建立在一种未加分化的原始混沌之中，人类的原始思维支配着人们的思考方式，原始的神话、巫术等充斥着人类的精神空间。世界在人类眼中是混沌未分的，这是人类的婴儿阶段。

随着历史的发展，自然史和人类史进一步交融，自然的本质在人类逐渐显露的科学认识面前一步一步地揭开其神秘的面纱。特别是经过人类原始经验的积累，在一代又一代追索自然的人们面前，自然的部分图景开始显现，知识变成了一种认识甚至是主宰自然的力量。特别是随着科学技术的发展，人们开始认识到自然事物变化的一些规律性。到了17世纪，牛顿总结出机械运动的三大定律和万有引力定律，表明自然的物体运动都服从经典力学定律。这种理论使人们相信自然界一切物体的运动都是一种机械运动，一切机械运动都服从确定的力学定律。在此基础上，科学家们提出了机械论自然观的理论，认为万事万物之间的联系都是必然的、确定的，只要知道物体的现在状态，就可以推测它过去的状态，并且可以预测它将来的状态。这种机械论自然观发展到极端就彻底否认了偶然性的存在。机械论自然观反映了人类在自然变化面前的一种积极态度，但是随着科学的进一步发展，对自然的整体图景把握变得越来越重要。尤其是现代科学对世界当中的复杂现象的把握使人们认识到整体理解世界的必要性，这就是现代混沌自然观的理论。

现代混沌自然观不是回复到原始的混沌自然观，而是在肯定事物的必然性和确定性联系的同时，又肯定事物的偶然性和随机性联系。在各种偶然事件的变化发展中，除了服从统计规律性的外在偶然性即外在随机性，还存在服从内在随机性即混沌的规律。确定论系统存在的内在随机性说明必然性中可以产生偶然性，但这种偶然性不同于外在的、完全的随机性，它蕴含着某种必然性。在这个意义上，必然性与偶然性或确定性与随机性的鸿沟在混沌中消失了。机械论自然观强调人与自然的分立，把人存在的方式与世界（自然）的存在方式加以割裂。现代混沌自然观则是恢复人与自然的共生共在的状态，是对人的存在与世界存在之谜的破解。

> 南海之帝为倏，北海之帝为忽，中央之帝为浑沌。倏与忽时相与遇于浑沌之地，浑沌待之甚善，倏与忽谋报浑沌之德，曰："人皆有七窍以视听食息，此独无有，尝试凿之。"日凿一窍，七日而浑沌死。①

（二）观自然

根据时空边界理论，观自然的角度至少有三种：

第一，从宇宙时间来看，自然无始无终，无所谓观和被观，人就在宇宙自然当中。人类的观和自然的被观是一个完整的过程，无从分别。

第二，从历史时间来看，人来于自然复归于自然，自然本性是人的第一本性。人法地，地法天，天法道，道法自然。

①《庄子·应帝王》。

第三，从生存时空的角度看，人认识、利用自然，同时人的生存活动参与到自然活动中，彰显自然的意义和价值。在这种意义上，我们可以说人是自然的主人，可以改造自然。自然因为人的活动的参与而变得有些不自然，但这种不自然也是自然存在的一种方式。

秋水时至，百川灌河。泾流之大，两涘渚崖之间，不辩牛马。于是焉河伯欣然自喜，以天下之美为尽在己。顺流而东行，至于北海，东面而视，不见水端。于是焉河伯始旋其面目，望洋向若而叹曰："野语有之曰：'闻道百，以为莫己若者。'我之谓也。且夫我尝闻少仲尼之闻而轻伯夷之义者，始吾弗信。今我睹子之难穷也，吾非至于子之门则殆矣，吾长见笑于大方之家。"……河伯曰："若物之外，若物之内，恶至而倪贵贱？恶至而倪小大？"北海若曰："以道观之，物无贵贱；以物观之，自贵而相贱；以俗观之，贵贱不在己。以差观之，因其所大而大之，则万物莫不大；因其所小而小之，则万物莫不小。知天地之为稊米也，知毫末之为丘山也，则差数睹矣。以功观之，因其所有而有之，则万物莫不有；因其所无而无之，则万物莫不无。知东西之相反而不可以相无，则功分定矣。以趣观之。因其所然而然之，则万物莫不然；因其所非而非之，则万物莫不非。知尧、桀之自然而相非，则趣操睹矣。①

①《庄子·秋水》。

（三）人类改造自然的真实意义

人类改造自然的过程，既是改变自然的存在状态，也是创造新的自然的过程。这个创造过程不仅体现人的创造性，同时也体现出人遵循自然变化法则的生化万物的能力。因为人类的创造过程虽然体现着人道的努力，但是人道是本于天道的。从人类之道的角度看，创造的过程是物为我所用，但是从天道的角度看，人是自然的一员，人的创造活动实际上是为自然所用的过程。

在这个意义上，人的生命不过是自然宇宙生命即天道所演化出来的结果，自然通过人的有目的的活动逐步提升自然的生态秩序，使自然变得更加合乎自然和人的共同发展。

> 特殊的东西同特殊的东西相互斗争，终于大家都有些损失。那个普遍的观念并不卷入对峙和斗争之中，卷入是有危险的。它始终留在后方、在背景里，不受骚乱，也不受侵犯。它驱使热情去为它自己工作，热情从这种推动里发展了它的存在，因而热情受到了损失，遭到祸殃——这可以叫做“理性的狡计”。这样被理性所播弄的东西乃是“现象”。它的一部分是毫无价值的，还有一部分是肯定的、真实的。特殊的事物比起普遍的事物来说，大多显得微乎其微，没有多大价值：各个人是供牺牲的、被抛弃的。“观念”自己不受生灭无常的惩罚，而由各个人的热情来受这种惩罚。[①]

① [德]黑格尔：《历史哲学》，王造时译，北京：三联书店1958年版，第72页。

黑格尔（George Wilhelm Friedrich Hegel，1770~1831），德国哲学家，出生于德国斯图加特。18岁时，他进入图宾根大学学习。1801年，黑格尔任教于耶拿大学。1817年出版了他的主要哲学著作《哲学全书纲要》，全面论述了其哲学体系。黑格尔哲学的基本出发点是唯心主义的思维与存在同一论，精神运动的辩证法以及发展过程的正反合三段式，因而相应地由逻辑学、自然哲学和精神哲学三个部分组成。黑格尔的学说对思想界有广泛的影响，直到现代几乎任何学派都对他的学说给予肯定或提出批判。代表作有《精神现象学》《逻辑学》《历史哲学》和《美学》等。

五、自然的进化和自然的未来

自然的发展过程伴生着人类的演化，自然处在永不止步的进化过程中，自然的未来就是人类的未来。面对自然变化的事实，人类采取何种生存的样式直接决定着自身的命运。这是现代哲学所提出的重大问题。

（一）进化是个自然的事实

“达尔文教导我们，人类是镶嵌在生物进化当中的；爱因斯坦教导我们，我们被镶嵌在一个进化着的宇宙之中”。[①]自然的进化

①［比］伊·普里戈金、［法］伊·斯唐热:《从混沌到有序——人与自然的新对话》，曾庆宏、沈小峰译，上海：上海译文出版社1987年版，第264页。

和选择衍生出自然万物，自然不再以单一的方式而存在，人类因此也获得了选择生活样式的启发，不断追求着新的生活样态。

依据自然选择的学说，我们就能明白地理解博物学里“自然界里没有飞跃”这个古代格言的充分意义。如果我们只看到世界上的现存生物，这句格言并不是严格正确的；但如果我们把过去的一切生物都包括在内，无论已知或未知的生物，这句格言按照这个学说一定是严格正确的了。

一般承认一切生物都是依照两大法则——“模式统一”和“生存条件”——形成的。模式统一是指同纲生物的、与生活习性十分无关的构造上的基本一致而言。依照我的学说，模式的统一可以用祖先的统一来解释。曾被著名的居维尔所经常坚持的生存条件的说法，完全可以包括在自然选择的原理之内。因为自然选择的作用在于使各生物的变异部分现今适用于有机的和无机的生存条件，或者在于使它们在过去的时代里如此去适应；在许多情形里，适应受到器官的增多使用或不使用的帮助，受到外界生活条件的直接作用的影响，并且在一切场合里受到生长和变异的若干法则所支配。因此，事实上“生存条件法则”乃是比较高级的法则；因为通过以前的变异和适应的遗传，它把“模式统一法则”包括在内了。①

①[英]达尔文:《物种起源》,周建人、叶笃庄、方宗熙译,北京:商务印书馆1995年版,第226~227页。

（二）进化与进步

人类正处在一个关键时刻，对自然的理解发生着深刻的变化，与此同时，由于人口的爆炸，各种自然、社会问题的爆发，人类社会的结构也正经历着深刻的变化。对于自然演化的价值判断直接关系着人类自身的生存状态，一些古老的价值观念已经不能用来判断人在自然中所处的位置。

社会和历史的发展蕴涵着无数的不确定性。人类既可以用规律的方法从整体宏观上对此作出说明，也可以用涨落、不稳定、不可逆来解释历史的微观特征。正像某个人物的某个想法一旦变成现实，它就有可能改变历史的某一进程和方向。这是社会系统的涨落。换言之，人类历史也许本来就该如此，无论是某个人的想法是否存在，是否发生作用。因为历史就是自然、宇宙及其演化过程。

从自然、社会发展的确定性和不确定性的统一来看，自然进化的事实并不等同于进步。进步是人类对自身社会发展方向的一种价值判断，不具有普遍的意义，尤其对于自然的进化，二者不是同一的。人类可以设定一个进步的目标，但无法改变自然进化的历史。

（三）权力与竞争

竞争被当作人类的一种能力，是从进化论广泛传播之后的事情。进化论思想宣扬的选择和竞争理论有其价值所在。但是把这种思想用到社会历史当中，所带来的不是人类的进步，也不是人类的和平，而是人类对权力的更加崇拜。自然的竞争有自然的法则支配，这是一个不变的法则。任何自然物的存在都有其自然必然性，无所谓生存的权力。

人类的竞争不同于自然的选择，因为人类会随时随地制定法则，由此引发了权力的出现。人类利用竞争的借口发明了各种权力以及等级的划分。竞争使很大一部分人失去了爱的能力，因为爱在大多数场合下是与竞争不能相容的。外在的竞争逐渐消除了人们内心的爱，当所有的爱消失殆尽之时，就是竞争价值毁灭之时，因为外在的竞争并不可怕，可怕的是人性和人心的竞争，这是泯灭一切人心之爱的原因。在竞争的价值观念中，爱的种子难以发芽。消除一切权力和等级的安排，竞争就会退出历史舞台，爱就能够主导人类的发展进程，人类的和平指日可待，人类也会自动取消对自然的权力占有。

（四）自然的未来就是人类的未来①

自然的人心和人性懂得自然的合作，心灵被各种问题、欲望以及一些希望得到回报的奖惩的念头所占据，人心就开始复杂，天然的协作便不可能。在我们的教育中，各种奖惩的方法被运用，自然的人心和人性被改造成适应这样的模式，因为社会需要运用

① “未来学”一词，是德国学者欧·费莱希泰姆在19世纪40年代首先提出和使用的。未来学探讨的是：关于科学技术和社会未来发展的前景，揭示按照人类所作的各种选择走向未来的可能性。为了适应科学技术迅速发展的形势，未来学在19世纪50年代后期在欧美广为传播发展起来。未来学研究的目的，是根据当前世界的情况去预测未来，预测世界将怎样演变。它通过揭示现象的相互联系发生的原因，以及决定未来发展动态最重要因素等，预测将发生什么事和怎样发生；区别哪些是必然要发生的，哪些是可能控制的。因此，未来学研究主要在于选择和控制未来，甚至改变未来。西方学者把未来研究看成是为科学时代设计新世界的蓝图。

一整套的方法来约束各种人。我们在各种关系中照见的是我们自己真实的形象，但由于不能正视自己的面目，我们便拿虚假的面具来应付自己和他人，社会便越来越虚假，人心和人性便越来越失去自然的本性。懂得自己是最重要的。社会的长期污染使人心逐渐倦怠、懒惰，独立自然的人已经难以觅见。

> 时间和地点都已变换，我生活在更靠近了宇宙中的这些部分，更挨近了历史中最吸引我的那些时代。我生活的地方遥远得跟天文家每晚观察的太空一样。我们惯于幻想，在天体的更远更僻的一角，有着更稀罕、更愉快的地方，在仙后星座的椅子形状的后面，远远地离了嚣闹和骚扰。我发现我的房屋位置正是这样的一个隐遁之处，它是终古常新的没有受到污染的宇宙的一部分。如果说，居住在这些部分，更靠近昂星团或毕星团，牵牛星座或天鹰星座更加值得的话，那末，我真正是住在那些地方的，至少是，就跟那些星座一样远离我抛在后面的人世，那些闪闪的小光，那些柔美的光线，传给我最近的邻居，只有在没有月亮的夜间才能够看得到。我所居住的便是创造物中那部分。①

自然选择的方向是向着完善化的，自然界的生存法则是值得赞美的。这是达尔文的总结。我们从这种带有历史眼光的进化思想中看到了人类历史的希望，也使人类生存的意义获得了依靠。这种理论不是对宗教思想的简单的批判和否定，而是在科学的立

① [美]梭罗:《瓦尔登湖》,徐迟译,上海:上海译文出版社2006年版,第76页。

场上揭明了人类需要依靠自己，需要在自然的法则中寻求生存的价值。进化论思想使我们可以在一个自然发展的时空中理解生命的意义和人类生存的希望。只要进化法则一天起着作用，人类就一天也不能放弃努力，哪怕可能是无用的。因为，自然界的发展历史表明，人类作为一个物种的存在，完全可以通过生存的法则获得进化，这是自然大法的定命所在。

※ 小 结 ※

人生在世包括多重的含义,既是指人生在这个世上,也指人生与在世的复杂关系,更重要的是指人正生在这个世上。人生的在世离不开自然,自然的存在形态决定着人生在世的形态。世界的一切存在都可以化为能量的终极方式。人与自然的关系方式是人类自然观形成的前提,也是人类观自然的基础。自然演化发展的方向影响着人类前进的方向,自然的进化过程是事实,人类的演化是这个事实过程中的一环。

参考阅读书目

[宋] 张载:《正蒙·乾称篇》，载《张载集》，北京：中华书局1978年版。

张世英:《哲学导论》，北京：北京大学出版社2008年版。

[英] 达尔文:《物种起源》，周建人、叶笃庄、方宗熙译，北京：商务印书馆1997年版。

[美] 梭罗:《瓦尔登湖》，徐迟译，上海：上海译文出版社2006年版。

《马克思恩格斯选集》第四卷，北京：人民出版社2012年版。

人是人自己造就的

我们常常会说人是时代造就的，时代造就了我们，等等。其实不然，人都是自己造就的。

对于每个人来说，时代是什么，时代意味着什么？这些都是不确定的东西。因为时代实在是一个太过于虚的、不实的东西。只有人自己对自己才是实在的。

我们能够把握什么，除了自己的生活和自己的身体之外，能够加以把握的东西是很少的。因为社会和时代要剥夺去我们身上很多的属于我们的东西。退回来讲，即使在我们自身也有许多东西是很难把握的。所以有这样的话，叫你行，你就行，不行也行；叫你不行，就不行，行也不行。这是一句依据时代的决定性而说出的话。

但是，这样的话是针对那些我们自己无法掌控的东西而言的。相反，对于我们自己能够掌控的东西，这句话就有些问题了。因为，从根本上来说，人还是由自己决定的。人能否把握自己的命运，就在于他有没有认识到自己能够把握的东西和不能够把握的东西之间的区别。

用儒家的理论说，命是不可把捉的，运则可以靠自己的努力去把握甚至等待也可以获得。认识那不可把握的命的因素，将其影响我们的可能性减少到最低点。同时，积极地抓住那些我们可以把握的东西不放松，将它的影响发挥到最高点，这样，我们自身的命运就可以在自己的掌控范围得到最大程度的发挥。

所以，我们说人是人自己造就的，而不是仅仅由时代造就的。因为，造就人的根本的东西在于我们自己，尤其是那些我们能够加以掌控的东西。

轻与重[①]

如果我们生命的每一秒钟得无限重复，我们就会像耶稣被钉死在十字架上一样被钉死在永恒上。这一想法是残酷的。在永恒轮回的世界里，一举一动都承受着不能承受的责任重负。这就是尼采说永恒轮回的想法是最沉重的负担的缘故吧。

如果永恒轮回是最沉重的负担，那么我们的生活，在这一背景下，却可在其整个的灿烂轻盈之中得以展现。

但是，重便真的残酷，而轻便真的美丽？

最沉重的负担压迫着我们，让我们屈服于它，把我们压到地上。但在历代的爱情诗中，女人总渴望承受一个男性的重量。于是，最沉重的负担同时也成了最强盛的生命力的影像。负担越重，我们的生命越贴近大地，它就越真切实在。

相反，当负担完全缺失，人就会变得比空气还轻，就会飘起来，就会远离大地和地上的生命，人也就只是一个半真的存在，其运动也会变得自由而没有意义。

① 摘自米兰·昆德拉：《不能承受的生命之轻》第一部“轻与重”第2节，许均译，上海：上海译文出版社2003年版，第5～6页。标题为引者所加。

那么，到底选择什么？是重还是轻？

巴门尼德早在公元前六世纪就给自己提出过这个问题。在他看来，宇宙是被分割成一个个对立的二元：明与暗，厚与薄，热与冷，在与非在。他把对立的一极视为正极（明、热、薄、在），另一极视为负极。这种正负之极的区分在我们看来可能显得幼稚简单。除了在这个问题上：何为正，是重还是轻？

巴门尼德答道：轻者为正，重者为负。他到底是对是错？这是个问题。只有一样是确定的：重与轻的对立是所有对立中最神秘、最模糊的。

思考题

1. 如何理解人在自然界中的地位？
2. 人类的未来可能会怎样？
3. 用自然和人类作为关键词，写一篇关于两者关系的童话或诗歌。

第三讲　人生在世之形
——人生哲学论

问题导入

1. 有时你会感到孤独吗？那是一种什么样的感觉？当你感到孤独的时候你是会主动与他人交流，还是自己单独体验这种孤独感？

2. 人都是生活在社会当中，那么社会生活对于个人来说是约束还是帮助？你希望自己脱离社会而单独生活吗？那样是否有可能？

3. 每个人是否一定要成家立业？爱情、婚姻的自由是什么？家庭生活的意义何在？

4. 民族、国家是什么？人类共同体的存在是帮助人类实现自由还是有害于自由的实现？如果自由是可以期盼的，人类在此基础上，能够实现永久和平的状态吗？

阅读材料

人们终身忙碌，其结果只是：个人绝少能够成长一颗心；另一方面，那些实际已经长出一颗心来的思想家、诗人或宗教徒却根本不能和大众打成一片，倒不是因为他们不善与人相处，而是因为他们的职业要求他们独自一个人潜心工作，要求他们保持某种与世隔绝的状态，追求关于其自身的知识。①

过去，人类郑重称道的东西都是不真实的，纯粹的臆想，确切地说，是出自病态的、有害的（最深刻意义上的）天性的恶劣本能——诸如“上帝”、“灵魂”、“美德”、“彼岸”、“罪恶”、“真理”、“永恒的生命”等等，所有这些概念……但是人们却在这些概念中寻求人性的伟大，人性的“神性”……这样一来，一切政治问题，社会制度问题，一切教育问题，都从根本上弄错了，以致人们误将害群之马当成了伟人——以致人们教诲别人要轻视“琐事”。我要说，这乃是生命本身的基本条件……现在，假如我把自己同一向被人誉为上流人物的那些人比较一下，那么两者之间的区别就一目了然了。我根本不把这些所谓“上流人物”当作人——在我看来，他们都是人类的渣滓，是疾病和报复本能的怪胎。他们是灾祸，甚至是不可救药的、敌视生命的非人……我要

①［丹麦］索伦·克尔凯郭尔：《克尔凯郭尔日记选》，晏可佳 姚蓓琴译，上海：上海社会科学院出版社1996年版，第101页。

当他们的敌人。对一切健康本能具备最高的敏感，这是我的特权。①

子曰："吾十有五而志于学，三十而立，四十而不惑，五十而知天命，六十而耳顺，七十而从心所欲，不逾矩。"②

子曰："志于道，据于德，依于仁，游于艺。"③

登幽州台歌

陈子昂

前不见古人，
后不见来者。
念天地之悠悠，
独怆然而涕下！

为天地立志，为生民立道，为去圣继绝学，为万世开太平。④

人来到这个世上，就要面对不同的生存境遇，在个体、家庭、民族、国家、社会的不同生存状态中寻求在世的方式和意义。在这些不同的生存境遇中，最为核心的问题是自由。自由获得的程度和自由状态的展开依赖对时空境遇的把握，以及对人生智慧的体认。

① [德]尼采：《权力意志——重估一切价值的尝试》，张念东、凌素心译，北京：商务印书馆1998年版，第39页。

②《论语·为政》。

③《论语·述而》。

④《张载集》，北京：中华书局1978年版，第320页。

社会的文化和非文化的交织过程是理解人生时空变幻的基础，离开了人类创造的文化，人生的一切都将变得苍白。

一、个体生存的时空边界

从身体观的角度看，人体的活动主要包括肉体和精神的活动，也可以从生理、心理和精神区分的不同层次来判断人的活动本质。从人的身体存在的本质来看，人体是物质、能量、信息和意识高度的有机统一体。

（一）肉体和精神

人的肉体存在既具有自然存在的特征，也有社会存在的属性。肉体的生理特征是自然万物进化发展的产物，精神、意识、灵魂的存在是自然界演化到特定状态中产生的。肉体和精神统一于个体的整体存在。

> 人的生命不是某个主体，不是某个为了进入世界而必须表演出某种技艺的主体。作为“在世界中存在”，此在意味着：在世界之中存在，而这种存在意指与世界打交道；以一种处理、实现、完成，但也沉思、探究以及通过沉思和比较的规定的方式逗留于世界的近旁。[①]

> 全部人类历史的第一个前提无疑是有生命的个人的存在。因此，第一个需要确认的事实就是这些个人的肉

①［德］海德格尔:《时间概念》，载《海德格尔选集》上册，上海：三联书店1996年版，第13页。

体组织以及由此产生的个人对其他自然的关系。……任何历史记载都应当从这些自然基础以及它们在历史进程中由于人们的活动而发生的变更出发。

……

人们用以生产自己的生活资料的方式，首先取决于他们已有的和需要再生产的生活资料本身的特性。这种生产方式不应当只从它是个人肉体存在的再生产这方面加以考察。更确切地说，它是这些个人的一定的活动方式，是他们表现自己生命的一定方式、他们的一定的生活方式。个人怎样表现自己的生活，他们自己就是怎样。因此，他们是什么样的，这同他们的生产是一致的——既和他们生产什么一致，又和他们怎样生产一致。因而，个人是什么样的，这取决于他们进行生产的物质条件。①

在生存时空边界中，肉体存在是暂时的、可以消失的物质存在的一部分，存在方式的转换意味着肉体的消失。精神存在则不是如此，根据个体精神能力的发挥和显现的程度不同，精神存在的方式会出现差别。这不仅体现了精神存在与肉体存在的关系，也说明精神存在对人的个体生存具有更为重要的意义。精神存在的外化形式可以是永恒不变的。

在历史时空边界中，肉体以及肉体表现出的形象虽然是暂时的，但可能具有符号的意义，这与个体在历史发展中的作用大小直接相关。精神存在随着其外化的强度进入人类历史文化遗传的过程中，相应地表现得长短久暂。

①《马克思恩格斯选集》第1卷，北京：人民出版社2012年版，第146～147页。

在宇宙时空边界中，肉体和精神的存在没有差别的意义，最终都以能量的方式进入宇宙的洪流中，万法皆平等。

（二）个体发展的阶段

克尔凯郭尔认为个体的存在是孤独的。虽然每一个个体存在是历史的、现世的，并且被给予了种种现成的行为模式，但是每一个个体的选择都必须由自己做出，其他人无法代替。选择什么可以有参照物，但选择本身是没有参照的、绝对的。所以选择就是选择孤独、就是孤独的选择。

对于孤独性的认识不是每一个个体都能够做出的，而是有着不同的人生阶段。克尔凯郭尔提出了人生三阶段理论：第一个阶段是审美阶段，个体处于一种追求感性快乐的生活方式中，人人感到浮生如梦，及时行乐，没有道德的责任感。这个人看上去无忧无虑，心想事成，但他不能真正的享受生命，因为生活的快乐转眼即逝、昙花一现。第二个阶段是道德阶段，人们认识到审美的生活不能完全实现，于是去寻求一种根据某种生活规则行事的方式。他遵守各种道德规则，也希望别人能够遵守，使它们在日常生活中普遍化，这是靠理性而生活的。第三个阶段是宗教阶段，只有在宗教的阶段中人才能够展开孤独个体的丰富内涵。这时人们是靠信仰的力量来服从上帝。在此，信仰是第一位的，理性是第二位的。

克尔凯郭尔把人的个体和孤独的存在本质作为人的在世方式，是对基督教群体信仰方式的一种反叛。《圣经》、教堂、神父这些宗教的载体和附着物都是信仰生活的产物，真正的宗教应该摆脱这些宗教形式深入人的内心世界。人学会孤独和独处，学会自我认识和抉发，人就能够自我挺立起来。

佛法讲佛有法身、报身和化身，是分别对应于体相用来说的，法身是本体不变的永恒存在，报身是现象的显现的存在，化身是变化作用的存在。这种理论在体用之间增加了变化的环节，使得实相和显相获得了沟通，这是消解人类对立的二元思维的解决方案之一。从人存在的本质来看，其变化与本体，以及变化依托的显像都是一体的，没有实质的分别，只有知识上的分别。知识的分别是为了把握人的生存本质，而不是破解人的生存整体。所以从根本上说，精神和肉体的提法也是知识的分法，不具有实际的意义。

（三）人生境界论

根据三界时空哲学理论，个体的生存境界可以分为自然生物境界、社会功利境界、自我道德境界、唯美艺术境界、终极信仰境界、宇宙大化境界。

自然生物境界指人源于自然、同于自然的生活过程，从来源上说，人的肉体存在纯粹是自然界演化发展的结果，是一种能量、场、物质、信息和意识的构成方式。作为自然界的一员，人的生物性是其他属性的基础。依靠自然而生活是人的第一重境界，这是人生在世的底线。

社会功利境界则是人摆脱了自然的单纯束缚，以人群结合的方式生活于世界当中。人开始摆脱生物性的欲望，开始安排在不同的时空境遇中实现这些欲望，并且将生物性的欲望转换为社会性的欲望，赋予其功利的色彩。在社会功利境界当中，人对生活的抉择无高低优劣之分，因为这是人迈向更高的生存境界的开始。

自我道德境界区别于社会功利境界在于道德自觉意识的觉醒，社会功利境界纯粹是为了社会的延续和留存，这是遵守道德底线的生活。在这种生活之上，自我开始反思人生在世的意义和价值，这是每一个个体自我都会或多或少、不可避免遇到的问题。处于自我道德境界中的人会追求人生在世的积极意义，并努力创造出各种人生所不曾有的价值来。这是人生境界的自觉提升。

到了唯美艺术的境界，更是人生在世的较少的抉择方式。把生活当成艺术，把人生当作审美的人毕竟是少数。但是不排除在所有人的生活方式中都有对美好的事物的向往和追求的倾向，这是唯美艺术境界存在的前提。

唯美的艺术境界的实现毕竟要靠一定的艺术修为、艺术造诣，这对于缺乏艺术创造能力和艺术鉴赏能力的人来说就显得非常困难。人的艺术能力的缺乏不是人的天赋原因，而是人类后天所创造的教育方式导致的，现代社会的教育方式根本上是压抑人的天赋艺术才能的。为此，终极信仰境界就出现了，信仰的生活完全可以是个人的、纯粹内心的、独白式的展开。这是每一个具有灵魂的人都可以做到的。上至达官贵人，下到贩夫走卒，只要保持一颗纯静安定的心，就可以开始自己的信仰生活。对信仰的渴望是人内在的精神需求，因而这里的信仰决不仅仅限于纯粹宗教式的信仰生活。

进入终极的信仰生活之后，人会大彻大悟，人生在世的方式也就同流于宇宙的运化过程，这就是宇宙大化境界。这种境界是人生于特定时空中产生的，虽然不能被所有人体察和把握，但这是人生的一种方向，是人类生活的最终依皈。人类只有在认识到人生在世的宇宙大化境界，人类的精神自由和解放才有可能实现。

张载（1020~1077），字子厚，凤翔郿县（今陕西眉县）横渠镇人，世称横渠先生，北宋哲学家，理学创始人之一。嘉佑进士，历授崇文院校书、知太常礼院。提出“大虚即气”的学说，肯定“气”是充塞宇宙的实体，由于“气”的聚散变化，形成各种事物现象。著作有《正蒙》《经学理窟》《易说》，后被编入《张子全书》。

二、家庭生活之时空边界

个体很难一直处于孤独的状态。从个体的来源看，任何个体的人都是两性结合的产物，是群体的人生产的结果。从人类发展的角度看，每个个体形成之后也不能彻底保持原子式的状态，否则人类将不复存在。由此决定了人摆脱不了群体的生活样态，家庭是这种样态的主要存在方式。

（一）两种家庭观

在家庭问题的研究上，存在两种观点，一是纵向派，一是横向派。

纵向派认为社会是始基家庭的集合体，每一个始基家庭有一男一女及他们的子女组成，家庭的关系是建立在生物及心理基础上的。异性相吸，生物的本能促使人类繁衍，促使母亲去养育自己的子女。从这种最原始的家庭关系出发逐渐衍生出整个社会关系。一代一代的关系相延续，构成子孙代代相传的纵线，充分体现了家庭延续中的时间性。

> 对于每一个人来说，家庭是最古老的、最深刻的情感激动的源泉，是他的体魄和个性形成的场所。通过爱，家庭将长短程度不等的先辈与后代系列的利害与义务结合在一起。①

横向派强调由于事实上的禁婚的普遍存在，每个家庭都来自于另外两个家庭的人结合而成。因此一个新的家庭的组成，都来自于另外两个家庭的破裂，每个家庭都要各自切除其一个成员。新的家庭成员也就脱离了自己所出生的家庭。这样一种家庭组成的方式使得原来的家庭不断解体，转移时空环境，生物性的家庭彻底解体。这种家庭观强调了家庭存在的空间性特征。

这两种观点分别强调了家庭的两方面本质，家庭既建立在生物性需求之上，也受到社会性因素的制约，任何家庭都是在天性和文化之间做出某种调整。这说明家庭的存在既有时间的纵向维度，也有空间的横向维度。

①[法]安德烈·比尔基埃等:《家庭史》,袁树仁等译,北京:三联书店1998年版,第5页。

（二）三种生产理论

马克思的生产理论包括人口和物质资料的生产和再生产，并且把后者作为社会发展的最终基础。人口之生产无疑是人类自身得以维系的根本前提，物质资料生产是人类进一步发展的基础，这二者都是人类生存的重要条件。可是，无论是人口生产还是物质资料的生产，都离不开文化的生产。

人口的生产不仅仅是人口数量的生产，更为重要的还有人口质量的生产。物质资料的生产也不仅仅是物质资料数量的增长，还有如何使用、分配、管理物质资料的问题大量存在，这就涉及到社会发展的文化、制度层面。这些生产内容我们可以概括地称为文化生产，其中包括人口的教育、社会的制度更新以及其他关于社会发展层面的文明要素的增长和进步。

只有从完整的三种人类生产出发才能揭示人类社会发展的真正秘密。

> 根据唯物主义观点，历史中的决定性因素，归根结底是直接生活的生产和再生产。但是，生产本身又有两种。一方面是生活资料即食物、衣服、住房以及为此所必需的工具的生产；另一方面是人自身的生产，即种的繁衍。一定历史时代和一定地区内的人们生活于其下的社会制度，受着两种生产的制约：一方面受劳动的发展阶段的制约，另一方面受家庭的发展阶段的制约。劳动越不发展，劳动产品的数量，从而社会的财富越受限制，

社会制度就越在较大程度上受血族关系的支配。[①]

（三）家庭存在的意义

家庭是个体存在的来源，是个体生存和发展的基础。从自然存在的意义上说，家庭尽管只具有人群集合体的作用，但是家庭功能的传递却代表着人类社会发展的雏形。

从母系氏族过渡到父系氏族，再发展到现代社会的平等家庭，是人类对自我存在意义的不断提升过程。家庭中的孝亲之情、恩爱之情、友爱之情是维系家庭存在的最为根本的支柱。

从生存时空到历史时空再到宇宙时空的转换中，友情、爱情、亲情不断得到强化，人的个体自我存在之意义也就越发彰显。反之，则可能会越来越陷入狭隘而偏窄的境地。这是合理处置和对待人与人之间关系的最佳参照。

三、民族国家之时空边界

人类所以有民族、国家的设立纯然是伴随着人群生活的安排而出现的。但是随着社会政治、经济、文化生活制度的确立，人类的自由生活开始陷入迷失之中。这是对人的自由本性的背离。为了能够重新认识和确立人心和人性的自由秩序和本来状态，有必要从三界时空的角度予以审视。

①《马克思恩格斯选集》第4卷，北京：人民出版社2012年版，第13页。

（一）政治自由

人类政治群体的结合直接与权力相关，权力以何种方式结合、如何组织群体特别是国家需要认真分析。人类广义的政治生活包括制定法律、进行军事交往以及国家之间的外交活动等，其中作为共同体的国家政权的组成方式是最为核心的。

从历史和逻辑的角度看，我们可以设想这样的几种权力安排方式：

独裁政治：分为暴君和明君两种，前者是对权力的滥用，代表了一种极端坏的权力组织方式，后者则是对权力的恰当的使用，但不改变独裁的性质，柏拉图的哲学王是这方面的代表，儒家的王道政治也是如此。暴政是需要避免的，王政在特定历史时期有其必然性。

立宪政体：主要是少数人统治、治理多数人的权力组织方式，分为贵族和寡头政体，也分别代表了这种治理方式的好和坏的不同方向。贵族政体利用开明的宪法予以治理，为的是多数人真正的利益，寡头政体则以恐怖或阴暗的统治方式进行治理，名义上为了多数人，实则为了少数人的利益。这也是特定历史时期的产物。

民主政体：多数人治理国家的方式，根据多数人的意志确定宪法，其最终目标应该是人们自我管理的社会。在极端情况下，如果多数人都陷入了集体无意识的状态，那么社会就会出现极端恐怖和无政府的情况，如资产阶级革命过程中出现的恐怖革命等。

无政府：否定一切权力存在的必要，消除任何形式权力的影响，如老子的小国寡民，以及早期乌托邦的社会理想，极端自由主义等。

神权政体：把世俗的权力寄托于神性的力量上，依靠人们对神的信仰来进行治理。由于需要一个神在世俗社会的代理，这种政权方式可能会直接演化成独裁政体。康德曾提出用理性神学建构一个伦理社会，但希望渺茫。

从人类政治文明发展的脉络来看，专制政体走向民主政体是历史的必然，民主政体是人类当前所能设想出来的唯一一个能够最大限度地保障最大多数人自由的政治体制，民主政体是实现社会平等政治的保证。民主始于无政府终于专制，民主政体优势的发挥靠的不是权力掌握在多数手中，而是在于权力分开来行使。“无分权即无自由”，集体的无意识状态的民主政体导致了苏格拉底之死；无分权的民主政体也无法避免雅各宾派多数人暴政的政治悲剧。

根据权力组合、安排方式的不同，制定法律的基础也就出现分歧，国家对待军事的作用也随之发生变化。

哲学问题

王霸之辩：王道与霸道简称王霸。王道是儒家的社会政治主张，指以德服人，用仁政、人道的方式治理天下。《尚书·洪范》：“无偏无党，王道荡荡。”《论语·为政》：“道之以政，齐之以刑，民免而无耻。道之以德，齐之以礼，有耻且格。”《孟子·公孙丑上》：“以力假仁者霸，霸必有大国；以德行仁者王，王不待大。……以力服人者，非心服也，力不赡也；以德服人者，中心悦而诚服也。”仁者无敌于天下。荀子也重视王道，但不反对霸道。“隆礼尊贤而王，重法爱民而霸。”（《荀子·王霸》）霸道是法家的主张，指以力服人，用暴力统治天下。韩非子提出明君务力，不务德而务法，行霸王之道。

王霸之辩反思的是人类社会的存在方式，王道是理想的，霸道是现实的；王道是天下众人的，霸道是一国独夫的。由霸道走向王道是人类历史的必然。

西方哲学一直把追求正义作为人类社会发展的目标。柏拉图把正义界定为灵魂的不同组成部分之间，或者社会不同阶级之间的和谐秩序。亚里士多德区分了正义的一般概念和正义的特殊概念，前者是对法则与规则的服从，后者是对荣誉与金钱的公平分配。传统的契约论把同意看作是政治义务的唯一基础，如果某人参与了和受益于一个为规则所支配的、合作的和公正的社会，他就有职责遵从这些规则。罗尔斯的正义论是当代最具影响的政治理论，按照罗尔斯的观点，正义的本质是公平。在基本利益或社会财富分配上的不平等只有在改善了每个人，特别是最少受惠者的境况下，才可以被接受。否则不平等就是非正义。罗尔斯的正义观念有两条正义原则，第一条原则给平等的自由以优先性，第二条原则涉及的是机会的平等和利益分配上的平等。

历史和事实证明，无论是王道政治还是社会正义的实现都是一个长期的过程。人类的大同社会、乌托邦理想，以及康德的《永久和平论》、马克思的《共产党宣言》、罗尔斯的《万民法》等都是通向人类理想社会道路上的明灯。

（二）经济自由

人类经济生活的自由直接与政治的自由状态相关联。从物物交换的时代到自给自足的自然经济时代，再到商品生产扩大化的现代工业时代，人类经济活动不断改变着方式，物质交往的自由越来越大，但是人心和人性的自由并没有随之增大。特别是经济交往的权力与政治权力互通甚至合谋之后，人类当中多数人生存的普遍自由就开始减少。这在马克思揭示的异化劳动理论中有深刻反映。物质交往的扩大拓展了人类生存的空间，但是由于经济交往活动的复杂性，以及世界市场形成与人类文化发展的全球化之间的不一致、不平衡，最终导致的却是人类精神交往的不自由。这是人类自我存在异化的最突出表现。改变经济活动不自由状态是与改变政治活动不自由直接相关的。

人的依赖关系（起初完全是自然发生的），是最初的社会形态，在这种形态下，人的生产能力只是在狭窄的范围内和孤立的地点上发展着。以物的依赖性为基础的人的独立性，是第二大形态，在这种形态下，才形成普遍的社会物质交换，全面的关系，多方面的需求以及全面的能力的体系。建立在个人全面发展和他们共同的社会生产能力成为他们的社会财富这一基础上的自由个性，是第三阶段。第二个阶段为第三个阶段创造条件。[1]

孟子曰："古之为市也，以其所有易其所无者，有司者治之耳。有贱丈夫焉，必求龙断而登之，以左右望，而罔市利。人皆以为贱，故从而征之。征商自此贱丈夫始矣。"[2]

孟子(约前372～前289)，名轲，邹(今山东邹城市)人，战国时期伟大的思想家，儒家的主要代表之一。相传孟子是鲁国贵族孟孙氏的后裔，幼年丧父，家庭贫困，曾受业于子思的学生。学成以后，以士的身份游说诸侯，企图推行自己的政治主张，到过梁（魏）国、齐国、宋国、滕国、鲁国等。当时几个大国都致力于富国强兵，争取通过暴力的手段实现统一。孟子的仁政学说被认为是"迂远而阔于事情"，得不到实行的机会。晚年退居讲学，和他的学生一起，整理《诗》《书》，阐发孔子的思想，作《孟子》七篇。

（三）文化自由

文化是人化和非人化过程的统一。人化的过程是文化创造和文化自觉，非人化的过程是文化灭寂和人性沉沦。二者互动主导了人类文化发展的进程。人类创造的物质文化、精神文化和心态

①《马克思恩格斯全集》第46卷上，北京：人民出版社1979年版，第104页。

②《孟子·公孙丑下》。

文化都是人化和非人化过程的统一。

人的生存究竟靠的是文化还是其他物质性的东西？回答主要是前者，每一种文化造就了一类人，并使得这一类人的生存表现出特定的样式。在这些不同的样式中，都保留下了各自不同的生活方式、思维样态以及心理进程等等。因此，一个人空间位置的转移和变换并不能促成其文化生存样态的改变，尤其是对于成人来说。也许在人年轻的时候这一改变是可能的，可以学会向其他文化样态转变，并自觉进入那种不同于母体文化的生活圈。而在一个有着自觉母体文化意识的人那里，则无论其年龄大小，都是很难进入其他种类的文化生存空间的。这是文化生存样态的时空边界。

人类的文化创造源于人心希望探索的动力，人心是好奇的，好奇心如果得到很好的教育，在宽松、和谐、积极的氛围中，这种好奇的创造之心就会逐渐长大，强盛起来。人的生活本身就是教育与学习的过程。学习没有止境，只要让你的心保持在好奇、机敏的状态，你就能从万事万物中学习，并获得各种有关文化的东西。

文化能够创造自由，但是自由未必带来平等。由于人的天赋的差别，我们无法寻求自然的、绝对的平等。平等只存在于被平等的对待过程中。只要保持一颗有爱的心，让人心和人性自然的发展，在教育中贯彻平等而自由的教育，我们的社会就会呈现不一样的景色，就会向着我们理想的境地靠近，一切外在的权力形式都将成为过去。历史事实呈现的是一种人类悲惨的命运，只有人类自己才有可能摆脱这一悲剧的命运。

> 公民们！我尊敬你们，我爱你们，但是我宁愿听从神，而不听从你们：只要一息尚存，我永不停止哲学的实践，要继续教导、劝勉我所遇到的每一个人，仍旧象惯常那样对他说："朋友，你是伟大、强盛、以智慧著称的城邦雅典的公民，象你这样只图名利，不关心智慧和真理，不求改善自己的灵魂，难道不觉得羞耻吗？"……我告诉你们，金钱并不能带来美德，美德却可以给人带来金钱，以及个人和国家的其他一切好事。①

（四）自由的实现

自由的生活来自于生活的实然。但是我们总是把生活归之于应然，归之于我们所设定的、所谋划的某种理想。人类为何总是寄希望于理想或彼岸，因为人对现世没有信心，人对自己、对周围的人、周围的世界没有信心，内心当中有的只是恐惧、担忧，从人类一开始的地方就背负了过多的恐惧和担忧，失去了对自己和世界的信心，于是一切变得如此的不自由。

自由的丧失是人性和人心的自我放逐，是人的自我信心的丢失，是人的恐惧之路的开始。忘掉自我的悲惨状态，重新鼓起做人的信心，放掉不该有的恐惧之心，人与人，人与自我，人与自然，人与世界……种种人所能够遇到的关系将会变得自由而光明。

> 你只要在思想和行为之间用到"正确"这个字眼，"正确"的行为就成了"不正确"的行为，不是吗？你用

① [古希腊]柏拉图：《苏格拉底的申辩》，《西方哲学原著选读》，北京大学哲学系外国哲学史教研室编译，北京：商务印书馆1987年版第68～69页。

"正确"这个字眼时，心中已经有了何谓"正确"的概念。你有了所谓"正确"的概念，这个概念就"不正确"了。因为这个"正确"是依据你的成见、制约、恐惧、文化、社会、癖好、宗教等成立的。……真正的道德或德性是生命最不平凡的事。这样的德性与社会环境的行为完全无关。真正的德性必须完全自由。但是只要你遵循的还是社会道德，诸如贪婪、嫉妒、竞争、崇拜成功之类的，你就不自由。你所知道的这一切道德都是教会和社会推崇，并冠上道德之名。①

苏格拉底（Socrates，前469～前399），著名的古希腊哲学家。苏格拉底出生于雅典一个普通公民的家庭。他早年继承父业，从事雕刻石像的工作，后来研究哲学。他在雅典和当时的许多智者辩论哲学问题，主要是关于伦理道德以及教育政治方面的问题。他被认为是当时最有智慧的人。苏格拉底本人没有写过什么著作。他的行为和学说，主要是通过他的学生柏拉图和克塞诺芬尼著作中的记载流传下来。

从三界时空的角度分析，宇宙大法统治着一切，宇宙间所有存在物都受着能量本体的控制，能量如果湮灭，一切无需谈论，这里无所谓自由与不自由，或者说本来就是绝对自由的，也是绝对不自

① [印]克里希那穆提:《心灵自由之路》，廖世德译，北京：台海出版社2004年版，第20～21页。

由的。

进到历史时空当中，自然法起着支配作用，自然万物的相生相克以及自然可能发生的灾变影响着自然万物包括人类历史的进程。国家权力的安排、法律制度的确定以及民族国家对待战争的态度、经济交往的方式都与自由相关，此时的自由仅仅停留在权力所能够掌控的范围内，自由永远都是相对的。

在生存时空中，一旦权力产生，个体的不自由就产生了。在各种权力约束的关系中，个体可以寻找的自由非常有限，人心和人性本来状态的丧失使人面目全非，人成了社会权力机器的附属物，这不仅是现代人生活的困境，也是人类悲剧性生存局面的表现。自由只有到文化生活中去寻找。

四、世界公民之时空边界

早在1795年，德国哲学家康德就曾提出过永久和平的理论。但是时至今日，民族、国家、地区之间的冲突不断，丝毫没有出现永久和平的迹象。人类是否可能实现全人类的团结并建立一个自由、平等的联合体？所有人类的个体能够成为世界公民吗？永久和平的状态何时才会到来？

从时空哲学的理论角度看，超越生存时空边界、进入历史时空边界，把人类的一切活动置于宇宙时空边界的光照之下，自由、平等、博爱、团结、合作才有可能真正得到实现。所有的个人、群体、民族、国家甚至国际组织只有摆脱恩怨、得失，抛弃历史的羁绊、传统的束缚，消弭利益之争，从宇宙时空边界的视角出发，才有可能实现世界公民的状态，人与人的自由联合才能够真正实现。

> 在权利方面，人们生来是而且始终是自由平等的。只有在公共利用上面才显示社会上的差别。
>
> 任何政治结合的目的都在于保护人的自然和不可动摇的权利。这些权利就是自由、财产、安全和反抗压迫。
>
> 自由是指有权从事一切无害于他人的行为。因此，各人的自然权利的行使，只以保证社会上其他成员能享有同样权利为限制。此等限制仅得由法律规定之。
>
> 自由传达思想和意见是人类最宝贵的权利之一；因此，各个公民都有言论、著述和出版的自由，但在法律所规定的情况下，应对滥用此项自由负担责任。[①]

五、人类社会理想之时空边界

自古至今出现过几种主要的关于社会理想的设计，古代的社会理想、近代的乌托邦的寄托、马克思的共产主义社会、现代社会批判理论指向的社会远景。对于这些社会理想的判断，从生存时空的角度看，是激发个体朝着希望的方向努力、进取，但都是难以企及的；从历史时空的角度看，这些理想对于现实的人类历史发展过程都起过作用，已经变成了历史中的影像；从宇宙时空的角度看，这些理想是宇宙法则的自然体现，无需涂抹任何色彩，人类可以永远对此满怀憧憬和希冀，在宇宙的时空中体悟人类生

①《人权宣言》第一、二、四、十一条。

存的意义和价值。

大道之行也，天下为公，选贤与能，讲信修睦。故人不独亲其亲，不独子其子，使老有所终，壮有所用，幼有所长，矜寡孤独废疾者，皆有所养。男有分，女有归。货恶其弃于地也，不必藏于己；力恶其不出于身也，不必为己。是故谋闭而不兴，盗窃乱贼而不作，故外户而不闭，是谓大同。①

乌托邦宪法规定：在公共需要不受损害的范围内，所有公民应该除了从事体力劳动，还有尽可能充裕的时间用于精神上的自由及开拓，他们认为这才是人生的快乐。②

※　小　结　※

人生在世总是以各种方式出现在这个世界上。从个体到群体，从家庭的结合到民族的生存样态，从社会的经济生活到政治、文化生活，从现实的社会生活到对理想社会的期盼，自由都是人生的主要目的。如何实现人的自由，存在多重的维度，其中人的文化创造活动是人类实现自由的主要方式。人生样态、人生形式的变化是人的生命丰富性的表现。

参考阅读书目

[古希腊] 柏拉图：《理想国》，郭斌和、张竹明译，北京：商务印书馆1983年版。

①《礼记·礼运》。

②［英］托马斯·莫尔：《乌托邦》，戴镏龄译，北京：商务印书馆1982年版，第60页。

［英］托马斯·莫尔：《乌托邦》，戴镏龄译，北京：商务印书馆1982年版。

［印］克里希那穆提：《心灵自由之路》，廖世德译，北京：台海出版社2004年版。

习作选

瞬间的自由与永恒的必然

自由与必然永远是困惑人类的一对观念。自从人类追求自由的那天开始，自由就远离人类而去了。无论是夸父逐日，还是普罗米修斯盗火，都是人类失去自由的史迹。

自由与必然的矛盾永远在时间的隧道中穿行。一种自由的获得，不过是对自由理念的一份可以加深和拓展的理解，也是对必然的一种破译。自由本来是和人类共生并存的，人类渴望自由的心没有带领人类来到自由的园地，反倒进入了必然的王国。

在人类创造的历史中，一切仿佛变得越来越自由。然而随着自由内容的拓展，人类的不自由也与日俱增，必然的裹缚越来越重。

真正能够体会自由的人，是对时空洞识之后的事情。勘不透时空的秘密永远不可能理解自由的所在。人的自由仅仅存在于时间的瞬时性中，这是对永恒必然性的破解和中断。对自由瞬时性的把握，是对宿命论以及一切命定论的真正破除。因为没有任何命定的可能，自由才有了存在的空间，这就是自由的瞬时性，是人在面对时间当下性的瞬时选择的自由。有了对自由的这种认识和理解，必然性的迷梦就迎刃而解了。

对自由瞬时性和必然永恒性的领悟需要智慧的力量。

时空与文化

梁漱溟先生把文化分成向前的、向后的和持中的，西方文化是向前的，追求科学和理性，发展得比较激烈，因而对人类是有危害的；印度的文化是消极的、向后的，反对一切的创造，不执著于人类的历史发展，以求获得根本解脱；中国文化是持中的，保持一种人与自然、人与万物的平衡，在极高明而道中庸中完成生命的演化。梁先生的理论虽然没有实际的人类学或者文化学的根据，但是却从非常简捷的角度深刻揭示了人类的命运，可谓空谷足音，大音希声，弥足长矣……

我要说文化是与时空相关的，我也提不出文化学以及人类学的根据。根据一种直觉的判断，我自认为时空分成宇宙时空、历史时空、个体时空。相应于此，文化也就呈现不同的形态来。

如中国和印度的文化主要归属于宇宙时空的文化，是从人心和人性的根源处着手，试图彻底解决人类的生存问题。这两种文化都不太关心科学和理性的创造，只对人的性灵进行改造和发挥，试图从釜底抽薪，一下子安顿好人的一生，其困难可想而知，其理想性也是超然的。佛教虽然不同于中国的儒家和道教，但从根本上说三者是相通的，历史表明，儒释道甚至回教、密宗都可以在中国得到五教共荣的局面，它们之间的相通是内在的。

自从世界上出现了马克思主义，一下子改变了西方的世界，同时也改变了东方的世界，尤其是中国的世界。马克思主义的出现应该算作是人类的一种巨大文化现象，而不仅仅是历史现象。马克思主义所改变的世界被马克思主义继续改变着。马克思主义作为人类的文化现象是属于历史时空的，其精神实质也是历史时空的。马克思主义关心人的现实社会生活的改变，并且从经济、生产的角度来阐释人类发展的命运，指示人类走一条物质发展的道路，这类似于梁漱溟所说的西方文化的向前的倾向。由于马克思主义出生于西方，但是其影响却超出了西方，因而我们说马克思主义是世界的，属于历史时空的文化现象。马克思主义虽然反对宗教比较激烈，但从本质上说，任何主义都带有顽强的终极精神，这是马克思主义的生命力所在，就是马克思主张的共产主义社会理想。这是一座人类心中的圣灯，对共产主义的仰望无异于一种宗教精神。

在西方社会执着发展的西方文化主要是属于个体生存时空的。无论是古希腊、古罗马的文化，其追求的核心精神是理性和科学，近代以后又创造出自由、民主、平等，这些都是为着社会的个体发展而创设的，是个体追求解放和自觉的最为有力的表现，因此我们说这是个体时空的。尽管我们经常说西方文化有人文主义的和科学主义的论争，以为人文主义还保留着一种对人性和人心的关注，但却忽略了这种关注完全不同于中国式的、马克思式的方式，仅仅是对人的自由个性的执着。特别明显的要数英美的实用主义、分析哲学，以及大陆的存在哲学、现象学哲学，等等，都是从个体出发的。基督教更是如此，耶稣就是为了拯救人而出现的，同时他也是通过拯救自己这个人来拯救所有的人，其出发点是个人的，因而是一神的。这是基督教的特色。

总的来看，我们大致把中国和印度的文化看作宇宙时空的，马克思主义文化看作历史时空的，西方文化看作是个体时空的。

思考题

1. 请描述一下自己心灵独处时的真实感觉。
2. 人和人之间的不信任状态是如何产生的？
3. 文化创造活动能够帮助人们获得自由吗？
4. 请谈谈你理想中的未来社会。

第四讲　人生在世之变
——历史哲学论

问题导入

1. 人类发展的历史过程形成了各种各样的留存物，这些东西随着时空的转变逐渐变成了文物，你认为通过研究这些历史留存物我们能够认识历史的真相吗？你相信历史学家记录和描述的历史吗？

2. 历史有没有真相？观念的历史和物质的历史哪个更为真实？我们可以通过哪些方法接近历史的真相？

3. 回顾人生以往的历史，你的内心做何感想？未来、现在、过去哪个对于你的生活更为重要？为什么？

阅读材料

曰若稽古，帝尧曰放勋。钦明文思安安。允恭克让，光被四表，格于上下。克明俊德，以亲九族。九族既睦，平章百姓。百姓昭明，协和万邦，黎民于变时雍。[1]

维我汉继五帝末流，接三代绝业。周道废，秦拨去

①《尚书·尧典》。

古文，焚灭诗书，故明堂石室金匮玉版图籍散乱。……百年之间，天下遗文古事靡不毕集太史公。太史公仍父子相续纂其职。曰："於戏！余维先人尝掌斯事，显於唐虞，至于周，复典之，故司马氏世主天官。至於余乎，钦念哉！钦念哉！"罔罗天下放失旧闻。王迹所兴，原始察终，见盛观衰，论考之行事，略推三代，录秦汉，上记轩辕，下至于兹，著十二本纪，既科条之矣。……凡百三十篇，五十二万六千五百字，为太史公书。序略，以拾遗补艺，成一家之言，厥协六经异传，整齐百家杂语，藏之名山，副在京师，俟後世圣人君子。[①]

a）历史学的定义。……历史学是一种研究或探讨。

b）历史学的对象。……历史学要弄明白的是哪一类事物呢？我的答案是res gestae［活动事迹］：即人类在过去的所做所为，……即企图回答人类在过去的所做所为的问题。

c）历史学是如何进行的？历史学是通过对证据的解释而进行的：证据在这里是那些个别的就叫做文献的东西的总称；文献是此时此地存在的东西，它是那样一种东西，历史学家加以思维就能够得到对他有关过去事件所询问的问题的答案。……历史学的程序或方法根本上就在于解释证据。

d）最后历史学是做什么用的？……历史学是"为了"人类的自我认识。……认识你自己就意味着，首先，

①《史记·太史公自序》。

认识成其为一个人的是什么；第二，认识成为你那种人的是什么；第三，认识成为你这个人而不是别的人的是什么。认识你自己就意味着认识你能做什么；而且既然没有谁在尝试之前就知道他能做什么，所以人能做什么的唯一线索就是人已经做过什么。因而历史学的价值就在于，它告诉我们人已经做过什么，因此就告诉我们人是什么。①

人类产生之前是自然的历史，人类产生之后是人类和自然共生的时期。我们理解的历史不仅应该是人类的历史，还是自然的历史。我们以前看历史，自然是自然，人类是人类，其实历史既是人类的历史，也是自然的历史，自然的生命价值和人类的生命价值是一样的。为此，我们需要从时空哲学的角度重新审视历史。

一、自然史之时空边界

自然的历史不仅仅指自然界单独发展的历史，也包括自然界孕育人类产生的整个过程。从人类的角度可以说，在人类产生之前，自然界是单独发展、变化的。但是由于自然的变化本身就包含着人类产生的必然进程，所以我们不可能把人类史与自然史分开来。尤其当人类开始自觉探寻自身产生的历史，宇宙间一切变化、发展过程便都进入到人类活动的视界之中。这时的自然史就不再是纯粹自然的历史，而是人类与自然共生共存的历史了。

① [英]柯林武德:《历史的观念》,何兆武、张文杰译,北京:商务印书馆1997年版,第36~38页。

（一）人类前史

如果把人类诞生之前的历史当作一个具有单独发展序列的过程，我们可以将之称为人类前史，这是自然界长期演化发展的历史。天文学、地质学、考古学等探讨的就是这一时段历史的秘密。如果把人类对于史前时期的猜测也算在内，那么神话、传说所描绘的人类前史也应当是对人类产生过程的一种相对真实的记录。

（二）人与自然共生的历史

人与自然共生的历史不仅包括人类成熟、站立之形体产生之后的历史，而且也包括在生物演化过程中孕育人类这种生命形式的整个过程。为此，我们可以把这一变化过程前推至整个生命演化的历史。生物学、人类学、社会学等都是研究这一发展过程的科学。随着这些科学研究手段的进步，这一历史逐渐会被人类认识清楚。

> 刚刚过去的过去和多多少少遥远的过去合在一起构成了现在的多重性。新近的历史以高速度向我们冲来，更早一些的历史则以较为缓慢的速度、较为隐秘的方式伴随着我们。……把重大文明选作理解现时世界的“清晰的背景”，意味着要超越你们刚刚学过的1914年到1962年那种变化迅猛的历史运动。这就要求我们以缓慢的呼吸去思考历史，即“用长时段”（de longue durée）。文明是异乎寻常的创造物，其长度超出了人们的所有想像。它们古老得令人难以相信，继续活在每一个人身上，

而且在我们去世之后他们仍将存在下去。

文明的历史是历时几个世纪之久的提炼集体性格的过程，它就像一个介于清楚的、自觉的目标和模糊的、未察觉的命运之间的个人一样举棋不定，进退维谷，它对目的和动机的影响常常为人所漠视。

文明在面对变化、面对它们永恒的和缓慢的变化时，或进行抵抗，或表示默许；回顾这些，我们或许能够提供一个可以恢复文明特有本质的最后解释，也就是说，文明的长期历史连续性。因而，文明事实上是历史中的长中之长。①

布罗代尔提出历史学家的工作可以从三个层面展开：传统历史学的记载层面；作为一个整体的一系列事件的范围；超出事件的范围，按照一个世纪或更长的时间来衡量的现象，这是对文明特征的长期性和恒久性的揭示。研究、分析自然史乃至人类前史的发展过程需要借用长时段的历史方法。这是人类对自身以及自然发展历史认识的不断深入和提高的表现。

言理势者，犹言理之势也，犹凡言理气者，谓理之气也。理本非一成可执之物，不可得而见；气之条绪节文，乃理之可见者也。故其始之有理，即于气上见理；迨已得理，则自然成势，又只在势之必然处见理。②

①［法］费尔南·布罗代尔：《文明史纲》，肖昶等译，桂林：广西师范大学出版社2003年版第17、51、53页。

②《读四书大全说》。

王夫之（1619～1692），湖南衡阳人，字而农，号姜斋，学者称船山先生，明末清初思想家、哲学家。曾积极组织抗清斗争，失败后到南明桂王的政权中任职，南明亡后，更名隐居，潜心著述。王夫之的哲学是对宋明以来哲学思想的总结和发展，在中国近代产生了很大影响。遗著总称为《船山遗书》，有100多种，主要有《张子正蒙注》《读四书大全说》《周易外传》《尚书引义》《读通鉴论》等。

二、人文历史之时空边界

虽然至今我们无法确定人类诞生的确切时期，但是我们可以通过人类学、考古学的研究成果对人类文化发展的历史作出一番描述。通过这些描述的积累，我们大致可以对人文历史的时空边界做出初步的确定。

（一）文字符号、器物之历史

从原始人的洞穴石刻开始，原始文化所展现的面貌就是人文历史的开端。这一过程不仅有历史遗迹的存留作为验证，也有现实原始部落的存在作为佐证。其中文字符号的创制、器物的制作最为集中地代表了人类创造活动的阶段和水平。

除了文字符号、器物的痕迹，还有原始文化中的图腾崇拜活动、巫觋现象也是对人类历史发展的记录存留。

通过对这些历史存留的研究，我们对人类初期活动的真实状态的认识会越来越清晰。

> 928有三种语言：
>
> 929第一种是神的心头语言，表现于无声的宗教动作或神圣礼仪，在罗马民法里还从这些动作或礼仪里保存下来所谓“法定手续”，这是他们执行一切民政事务都要使用的手续。这种语言属于宗教，由于宗教的特性，人们敬重它比起就它进行推理还更重要。在最早的时期人们还没有发音的语言，这种神圣的心头语言就有必要。
>
> 930第二种语言是英雄们的徽纹，盾牌就用徽纹来说话，这种语言在军事训练中还保存住了。
>
> 931第三种就是发音的语言，这是今天一切民族都在使用的。[①]

（二）史家记录、描述和作证之历史

自人类有意无意地用文字符号记载自身的发展过程开始，记录的历史就开始出现。到人类完全有意地记录、描述发生过的、正在发生的历史事件，作为严格意义的历史学就出现了。历史学的诞生是人类自我意识觉醒的必然，其更深层的内涵是人类精神文化世界发展的影像。

根据史家的立场是否达到一种描述的客观公正，分为良史和秽史。

①［意］维柯：《新科学》下册，朱光潜译，北京：商务印书馆1989年版，第497页。

偶 题

杜甫

文章千古事，得失寸心知。作者皆殊列，名声岂浪垂。骚人嗟不见，汉道盛于斯。前辈飞腾入，余波绮丽为。后贤兼旧例，历代各清规。法自儒家有，心从弱岁疲。永怀江左逸，多病邺中奇。騄骥皆良马，骐驎带好儿。车轮徒已斫，堂构惜仍亏。漫作《潜夫论》，虚传幼妇碑。缘情慰漂荡，抱疾屡迁移。经济惭长策，飞栖假一枝。尘沙傍蜂虿，江峡绕蛟螭。萧瑟唐虞远，联翩楚汉危。圣朝兼盗贼，异俗更喧卑。郁郁星辰剑，苍苍云雨池。两都开幕府，万寓插军麾。南海残铜柱，东风避月支。音书恨乌鹊，号怒怪熊罴。稼穑分诗兴，柴荆学土宜。故山迷白阁，秋水隐黄陂。不敢要佳句，愁来赋别离。

夫文章之用，内不本于学问，外不关于世教，已失为文之质；而或怀挟偏心，诋毁人物，甚而攻发隐私，诬涅清白；此则名教中之罪人，纵幸免刑诛，天谴所必及也。至于是非所在，文有抑扬；比拟之余，例有宾主；厚者必云不薄，醇者必曰无疵；殆如赋诗必谐平仄，然后音调；措语必用助辞，然后辞达。[①]

当我们面对历史时，历史距离从时间和空间上来说都是无法超越的，这仿佛决定了我们同历史是相互隔阂的。实际上，历史距离的存在并不意味着我们同历史现象之间是一种简单的反映与

①《文史通义·俗嫌》。

被反映的关系。相反，在进入历史领域之时，我们就已经在效果历史的视阈中面对历史现象了。

（三）历史中的德性

历史流传物主要以两种方式留存下来，一类是历史实物，一类是历史语言。历史实物是一定历史现象的承载者，通过对一系列历史实物的考察，可以获得对历史现象的直接把握。无论是竖立在大地上的文物，还是馆藏的文物，其深沉的历史印记是昭示历史面目的最真实的见证。这些流传物可以直接唤醒我们对于历史的记忆与想象，在它们面前，历史可以流动起来。这种历史流传物的历史价值随着时间的迁延而不断增长，人们如何对待这些流传物，直接体现了人们对于历史的态度，从而显示出人们对于历史理解的价值取向。在此，理解的历史性与道德性获得了一致的发展。

历史语言是相对间接地反映历史事实的流传物，其内含的语言性特点既体现着一定的语文学意义，也包含着丰富的历史意义。历史语言采取何种修辞手段，尤其是使用何种历史记述的体裁来描述历史事实，既受到历史学家个人素质的影响，又制约于一定时代的道德取向。清代历史学家章学诚提出道德文章要合二为一，作文者要有文德。文德就是要求为史者能设身处地，从对象出发，平心静气地记载历史，这样为文方称有德。伽达默尔说："语文学家就是历史学家。"反过来，也可以说历史学家就是语文学家，语言的历史向度可以在历史流传物中获得体现，同样，历史现象本身也可以在语言文字中获得生动的表现，这两者是可以统一的。

> 能具史识者，必知史德。德者何？谓著书者之心术也。夫秽史者所以自秽，谤书者所以自谤，素行为人所羞，文辞何足取重。[①]

为文者要有文德，为史者要有史德。历史理解本身的道德意义，若想彰显出来，必定要依靠具备道德见识之人。心术不正之人无论如何也无法揭露历史本身的意义所在，即“秽史自秽”。这一主张同效果历史的原则是非常一致的。历史理解的道德意义是从理解者出发的，其中不仅有运用语言修辞、体裁选择的意义指向，也包括理解者本人所应具的道德本质。只有在这两方面统一的情况下，历史中个人的道德力量的发挥才可以真正融入到历史发展的连续性过程之中，成为一种持续有力的力量，使后人更多地通过这种道德力量的中介而达到对历史实在性的体认。

历史学家既要过好自己当下的生活，又要努力去记清当下许多其他人的生活，又要下功夫去研究过去人的生活，这样历史学家就有三重的重任。一是做真的活人；二是做活人的旁观者(包括自己的旁观者)；三是做古人的旁观者。在这样的基础上，他才是一个有发言权的历史学家，一个好的建议者。一个真正讲历史话的人，也才是一个真正聪明的历史学家。当然，做到这一点，是多么不容易。

①《文史通义·史德》。

卡尔·马克思（1818～1883），出生于德国莱茵省特利尔城，马克思主义的创始人，第一国际的组织者和领导者，人类伟大的思想家、哲学家。1835年，他进波恩大学攻读法学，一年后转入柏林大学法律系。1841年，获哲学博士学位。1844年8月，恩格斯从英国来到巴黎，拜访了马克思，从此开始了前无古人的伟大合作。马克思的一生是为人类的解放事业奋斗的一生，他创立了唯物史观理论和剩余价值学说，为人类发展的未来道路做出了设想。代表作有《1844年经济学哲学手稿》《共产党宣言》《资本论》等。

（四）真实的历史

真实历史是就历史发展过程的唯一性来说的，历史事件一旦发生，便不再重复。文学描写中的历史事件永远是对唯一真实历史的模仿。历史事件和过程的唯一性是与历史时空直接关联的。由于历史时间的单向性和历史空间的独特性，历史过程就只能是一过性的，不可能是重复再现的。

黑格尔说过，历史事件如果存在重复的话，第一次以悲剧的形式出现，第二次就会是以喜剧的形式出现。

就历史过程的唯一性而言，真实的历史对于处在历史事件中的人以及局外人都是无法完全认识的。即使是历史事件的当事人，他也无法知晓历史何以如此。因为历史是人类群体的历史，不存在一个人的历史。

真实的历史存在着，但是永不可得。

人们最熟悉的一个故事是这样说的：从前有座山，山中有座庙，庙里有个老和尚和一个小和尚。老和尚给小和尚讲故事，说从前有座山，山中有座庙，庙里有个老和尚和一个小和尚。老和尚给小和尚讲故事，说从前有座山……

这就是真实的历史……

哲学问题

动静之辩：动静是指对宇宙、自然、社会、历史中的万事万物变化性质的揭示。《老子》认为“反者，道之动”（《老子·四十章》），但静是事物运动的归宿，“夫物芸芸，各复归其根，归根曰静，是谓复命。”（《老子·十六章》）《易传》强调变动，变化即为易之一义，“刚柔相推，变在其中矣；系辞焉而命之，动在其中矣。”（《易·系辞下》）不动也是易之另一义，指宇宙的根本，“易无思也，无为也，寂然不动，感而遂通天下之故。”（《易·系辞下》）王弼以有无关系为基础，提出“凡有起于虚，动起于静。”（《老子注·十六章》）“凡动息则静，静非对动者也。”（《周易·复卦注》）东晋僧肇著《物不迁论》，要即动求静，“寻夫不动之作，岂释动以求静？必求静于诸动，故虽动而常静。”宋代理学用体用关系来说明动静，如朱熹认为：“静即太极之体，动即太极之用”，“方其动时则不见静，方其静时则不见动。”（《朱子语类》）王夫之以阴阳论动静，动静乃阴阳之动静，“动极而静，静极而动……方动方静，方静旋动，静极含动，动不舍静。”（《思问录·外篇》）这些理论是从宇宙存在现实与人心对待状态的关系出发讨论动静、有无，是动静关系理论的主要表现，也是人类认识世界的出发点和基础，是不同于物理学对事物运动变化过程的具体探讨。

由动静生发出的对社会发展实质进行判断则属于历史观的领域，如李大钊提出的动的文明与静的文明的理论。东洋文明是静的文明，是顺应自然不求驾御和征服自然的文明，又称南道文明、精神文明，西洋文明是动的文明，是征服和驾御自然的文明，又称北道文明、物质文明。静的文明是自然的、安息的、消极的、依赖的、苟安的、因袭的、保守的、直觉的、空想的、艺术的、精神的、灵的、向天的、自然支配人间的；动的文明是人为的、战争的、积极的、独立的、突进的、创造的、进步的、理智的、体验的、科学的、物质的、肉的、立地的、人间支配自然的。（《东西文明之根本异点》）

三、历史层级的表现

根据时空变换的分析方法，可以把历史分成以下几个层级。在不同的历史层级中，历史以不同的方式变现出来，依此可以判定人类现实生活的所在。

(一)可见可描述的现象的历史

器物、制度、文化等等这些人类所创造的成果与任何时代的人都是息息相关的。只要我们循着“认识人类自己”的道路前进，我们总是有接近历史现象的可能。现象的历史是可见可描述的。但这种历史往往会阻碍人类对精神历史的把握。

(二)不显现的隐在的精神历史

精神的历史是隐在的，虽然可能会以某种方式表现在现象的历史当中，但是由于精神发生过程的单一性、内在性、主观性，很多精神活动在没有表现出来之前就已经进入到宇宙的时空当中，不再成为历史所能够把握的对象。

哲学是在这样一个时候出发：即当一个民族的精神已经从原始自然生活的蒙昧混沌境界中挣扎出来了，并同样当它超出了欲望私利的观点，离开了追求个人目的的时候。精神超出了它的自然形态，超出了它的伦理风俗，它的生命饱满的力量，而过渡到反省和理解。其结果就是它攻击并动摇了现实的生活方式、伦理风俗和传统信仰。因而出现了一段破坏的时期。再进一步于是思想又集中向内。我们可以说，当一个民族脱离了它的具体生活，当阶级地位发生了分化和区别，而整个民族快要接近于没落，内心的要求与外在的现实发生了裂痕，而旧有的宗教形式已不复令人满足，精神对它的现实生活表示漠不关心，或表示厌烦与不满，共同的伦理生活因而解体时，——哲学思想就会开始出现。精神逃避在思想的空旷领域里，它建立一个思想的王国以反抗现实的世界。

所以哲学对于思想开始破坏的世界要予以调和。哲学开始于一个现实世界的没落。

……

真正的哲学是自西方开始。惟有在西方这种自我意识的自由才首先得到发展，因而自然的意识，以及潜在的精神就被贬斥于低级地位。在东方的黎明里，个体性消失了，光明在西方才首先达到灿烂的思想，思想在自身内发光，从思想出发开创它自己的世界。西方的福祉有了这样的特性：即主体［在对象中仍］维持其为主体，并坚持其自身于实体中。个体的精神认识到它自己的存在是有普遍性的，这种普遍性就是自己与自己相关联。自我的自在性、人格性和无限性构成精神的存在。精神的本质就是这样，它不能是别的样子。①

（三）永恒历史之时空边界

从宇宙时空的角度看，历史呈现的是宇宙的本性，宇宙通过不断变换的形式来表现自身的历史。这时的历史与宇宙是统一的，这是中国哲学中阐明的世界，即古往今来，上下四方，六合之内。

①［德］黑格尔：《哲学史讲演录》第1卷，贺麟、王太庆译，北京：商务印书馆1987年版，第54、98页。

这是对宇宙永恒历史的最佳表述。

> 求向物于向，于向未尝无；责向物于今，于今未尝有。于今未尝有，以明物不来；于向未尝无，故知物不去。复而求今，今亦不往。是谓昔物自在昔，不从今以至昔；今物自在今，不从昔以至今。……人则求古于今，谓其不住，吾则求今于古，知其不去。今若至古，古应有今；古若至今，今应有古。今而无古，以知不来；古而无今，以知不去。若古不至今，今亦不至古，事各性住于一世，有何物而可去来？[①]

※　小　结　※

人生在世是一条河流，在历史的长河中充满着人类自我创造、自我更新。人类积累的创造物以各种各样的方式存在着，研究这些留存物成了历史的话题。人类的历史来自于自然，又不完全是自然的历史。人类文明的开化过程决定着历史在不同的层级上表现出来，解释历史的真相，记录历史的真实过程，根本上来说就是人生在世的不断变化，无论变化的是个体，还是群体、民族或者国家。人生在世就是历史。

参考阅读书目

司马迁：《史记》，北京：中华书局2006年版。

孙正聿：《哲学导论》，北京：中国人民大学出版社2000年版。

［法］费尔南·布罗代尔：《文明史纲》，肖昶等译，桂林：广

①《物不迁论》。

西师范大学出版社2003年版。

［德］黑格尔：《哲学史讲演录》，贺麟、王太庆译，北京：商务印书馆1987年版，导言。

习作选

人类不同时段生活的差异

我们总是在追寻一种生活的变迁，一种生活进步的幻想，把人类的脚步称作是向前迈进的，把人类历史划分成不同时段，进而给予高下优劣的评价，为生活在当代的人寻找生活的意义和方向……

可是当我们思及到此时，我们会发现其中隐含着无数的虚幻的影像、各种观念的黑洞以及人类自身思想的矛盾的堆积。这是一个什么样的世界，难道真的能够把古代和今天加以区分吗？能够把中国与外国加以分别吗？能够把东方与西方置于不同的方位加以对待吗？有所谓的先进与落后之分吗？等等。当今的人们把各种追求的目标标识在各种可以与人的当下生活直接相关的所在，无论是政治的、经济的还是文化的、心态的，种种目标充斥着人类的心灵，由此建构起来的标准塞满了人心，人性被外在的、内在的方向所控制，人失去了自然的表达方式，人人都成了社会这架现代人构筑的机器当中的一个部件。

遥思前辈生活的时代，我们也许可以给出各种落后的评价，各种与当下生活存在差距的慨叹。殊不知，前辈的人在他们当下生活的时代里也许是相当满足和快乐的。即使就是如我们当今的人所描述的前辈人的生活不是快乐和幸福的，但是我们又能够做些什么呢？因为每个时代的人的生活是由他们自己所选择和去实际的过的，并不直接与他们的后人相关，后人仍然有自己选择过什么样生活的自由。

正如今天社会的物质生活极其丰富而充满着便利，但是又在多大程度上改变着人心和人性的自然状态呢？甚至在某些地方、某些环节上根本背离了人类心灵的自然状态，这是当代社会人心困惑的根源之一。

如何对待人类不同时段生活的差异绝不是靠进步、发展这些虚幻的观念，相反，要深入到人心的自然状态查看其是否真的得到了顺适、条达的安排，这是最为关键的……

历史学家和哲学家

有人说，历史是任人打扮的小姑娘；有人说，历史是人民群众创造出来的；有人认为历史是文明冲突的结果。在我看来，历史书是人写出来的，但于历史本身，确乎是一个流动的过程。每一个生活于其中的人，尚不晓得自己以后会成为历史的哪一部分。但也有晓得的，如历史学家，志的工作者。但他们的生活并非能够脱离生活本身，去独自地静观眼前的一切变化。那样一来，历史本身就不会说话了，而历史一旦形成，便成了一种故，一种过去。但我们现在的人却非要去弄清这一问题，这一过去的过程，有些显得荒唐。于是就有了“忘记过去，意味着背判”的说法，但哪一个人会无故地忘记过去呢？因为他自己就是从过去中来的。

这样一来，历史学本身便显得有些多余了。因为，我们只须关心现在人的生活变迁并将之变成一种可描述的东西记下来。但这仍然不行，因为，有很多人的做，并不代表其说、其想，所以，他做的背后，有许多现在不可告人的地方，非不可告，乃不能告，不愿告之类，这就是要后人去花心思，费脑筋了。我想，这一部分也是历史的主要内容。就是说，历史要研究为什么如此，而不仅仅是如此，停留于后者，只能是小说。陈独秀说，小说只写人情，但又能反映历史。这是小说在历史学家看来的用处之一。

现在的人，既知道做历史的这一难处，何不现在就将记录的工作完备起来呢，所以专门有档案管理和考古的技术的学问，为保存、挖掘历史信息，供后人用。但在此又多了一层东西，很多事件过去之后，并非立即能了明的，或者说，即使了明，也不能立即告诉大家，所以有了关于情报的学问，也是一种关于信息的学问。宫廷秘闻、军事机密、政治协议等等，这些被当时封锁在保险柜中，一点一点地透露出来，给历史研究的人以高兴。但即使如此，历史学家也只能自己拜读、研究，他还不能告诉别人，他需要一种服务的对象。即便要说出来，也要选择适当的方式，适当的场合才能说，这是历史学家的悲处。

“读史使人明智”，尤其是读古史。但是社会是个大系统，没有人能够同时研究、了解、读通所有的史，所以大多数人就只管生活，就不去过问历史了，尤其象今天这样，人人显得匆忙、紧张，谁还会停下来，回过头去望望呢？即使有这样的人，他也会被他所造成的可怕的境地吓坏而不敢回头了。所以历史学家的重担又重了几分。

相对于历史学家，哲学家就更有些难了。因为人们企望于历史学家的，比企望于哲学家的要少。这是一种普遍的偏见。当然，有一点是哲学家必须面对的。即哲学家是研究哲学的人，他同时是生活中的活人，但同时又是对当时生活下判断的人。历史学家可以只对过去的生活下判断，而不必对现在、未来的生活下判断。哲学家仿佛不一样。他思考人生，他经历人生，这双重的重担足以耗尽他一生的生命。

哲学家由于不能够脱离他生活的时代、空间，所以他也就难以对当时的时代下准确的判断。只有进入到反思的生活过程中，他才能有所得，这反思就是哲学家的使命，而这种反思的困难或矛盾来源于哪里呢？是来源于历史学家。历史学家保留了以往哲学家思考的资料，帮助哲学家思考。但在有些时候，这反倒成了障碍，历史的积累，就变成了一种历史的惯性，使现在人生活的转变变得极其困难，哲学之思也就难以有创造之见了。

思考题

1. 如何区分自然史和人文史？
2. 永不可得的真实的历史是什么？
3. 历史层级表现在哪三个方面？

第五讲　人生在世之真
——科学哲学论

问题导入

1. 人的认识五花八门，千奇百怪，你是否相信有真理存在？如果有真理一类的东西，我们是通过什么样的方式获得真理的？

2. 你相信自己的经验吗？有人对你说经验是靠不住的，只有通过理性的方式加以推理的认识才是值得相信的，你会怎么看待这样的说法？

3. 科学的认识值得相信吗？科学的基础存在于哪里？科学与哲学的关系是什么？科学能够永远造福于人类吗？

阅读材料

有物混成，先天地生。寂兮寥兮，独立而不改，周行而不殆，可以为天下母。吾不知其名，强字之曰道，强为之名曰大。大曰逝，逝曰远，远曰反。故道大、天大、地大、人亦大。域中有四大，而人居其一焉。人法地，地法天，天法道，道法自然。[①]

①《老子》第二十五章。

方生方死，方死方生，方可方不可，方不可方可。因是因非，因非因是。是以圣人不由，而照之于天。亦因是也，是亦彼也，彼亦是也。彼亦一是非，此亦一是非。……昔者庄周梦为蝴蝶，栩栩然蝴蝶也，自喻适志与，不知周也。俄然觉，则蘧蘧然周也。不知周之梦为蝴蝶与？蝴蝶之梦为周与？周与蝴蝶，则必有分矣。此之谓物化。①

杞国有人忧天地崩坠，身无所寄，废寝食者。又有忧彼之所忧者，因往晓之，……子列子闻而笑曰："言天地坏者亦谬，言天地不坏者亦谬。坏与不坏，吾所不能知也。虽然，彼一也，此一也，故生不知死，死不知生。来不知去，去不知来。坏与不坏，吾何容心哉？"②

任何一种学说，如果它是一个体系，亦即是一个按照原则来整理的知识整体的话，那就叫科学。③

我们能够把真理看作一种特性，这种特性不是语句的特性，而是话语的特性，或言语行为的特性，或关于语句、时间和人的有序三元组的特性；而恰恰把真理看作语句、人与时间的关系，这是最简单不过的了。④

①《庄子·齐物论》。

②《列子·天瑞》。

③［德］康德：《康德著作全集》第4卷，李秋零主编，北京：中国人民大学出版社2005年版，第476页。

④［美］戴维森：《真理、意义、行动与事件》，牟博译，北京：商务印书馆1994年版，第23页。

人类观察世界的方式可以分为向内和向外两种，向内的方式是自我反省的认识，向外的方式是朝向身外的。无论哪种认识的方式都是沟通人与世界的环节，人类通过认识的不断积累，逐渐形成各种知识体系。随着知识体系的分化、集中、又分化、又集中，人类的认识之路逐渐完善，这是一种广义的科学认识过程。

一、人类认识之分判

从原始的人类生命算起，人类就穿行在知识形成的道路上。在这条漫漫的途程中，知识就像一座座路标被矗立起来，指示着人们前行。无论被标上科学还是非科学，理性还是非理性的标签，知识总是与人类生命的历程同在。

（一）常识——感性的

人的生命存在与外在世界和自我世界通过各种途径得到沟通。来自于人的感观经验的直接认识是常识的主要部分，分为有效之经验和无效但被沿用之经验。

在人类常识系统中，有些经验始终有效，有些经验则只具有短暂的效用。但是由于常识系统的恒定性，即使经验无效也很难得到纠正，所以存在无效而被沿用之经验。

常识是散见的，不系统的，没有严格的科学性。

哲学问题

经验论与唯理论：经验论是同唯理论相对立的一种认识学说，经验论以“凡在理智中的无一不在感觉中”的原则为前提，认为一切真知必然起源于感觉经验，没有感觉就没有认识，感觉经验是认识唯一可靠的来源。根据经验论的不同理解，分为唯物主义经验论和唯心主义经验论。唯物主义经验论认为经验是外界事物作用于人们的感官而引起的结果；唯心主义经验论具有纯主观的性质，认为经验不能超出感觉、知觉的范围。与真知的来源问题相联系，经验论推崇经验归纳法，强调感觉经验的重要性，但忽视理性思维的作用，不能科学地说明知识体系何以能够建立起来的问题；由于经验论者片面强调感觉经验，贬抑理性思维，以至于把感觉看作是唯一的实在，把经验论推向极端，逻辑地走向唯我论和不可知论。代表人物有培根、霍布斯、洛克、贝克莱、休谟等。洛克认为我们的一切知识都在经验里扎着根基，知识归根结蒂由经验而来。休谟认为我们无从得知因果之间的关系，只能得知某些事物总是会连结在一起，而这些事物在过去的经验里又是从不曾分开过的。我们并不能看透连结这些事物背后的理性为何，我们只能观察到这些事物的本身，并且发现这些事物总是透过一种经常的连结而被我们在想象中归类。我们所知道的只是一件事物跟另一件事物可能有所关连。经验论是人类认识理论发展过程中的一个必经阶段。

唯理论认为知识是由于运用理性或理智官能获得的，感觉经验不能达到确定性，理性方法是通往真理之路。唯理论把数学当作知识的模型，认为哲学的方法应当与数学方法一致。它认为一切知识都是相互联系的，是从某个自明的第一原理推演出来的。理性能力是演绎、归纳、计算的一种能力。根据柏拉图对人类灵魂的划分，理性能力是与情感、欲望相对立而存在的，人们要发现真理就必须是情感和欲望服从于理性的规则。亚里士多德认为理性是使人类区别于其他种类动物的特殊功能，纯粹理性的思辨活动是最幸福的生活。康德认为理性有理论的和实践的，实践理性是关于人的行为的理性。黑格尔认为理性在历史的不同发展阶段是变化的，最高的理性是绝对精神。

墨子曾经指出："有本之者，有原之者，有用之者。于何本之？上本于古者圣王之事。于何原之？下原察百姓耳目之实。于何用之？废(发)以为刑政，观其中国家百姓人民之利。"(《墨子·非命上》)墨子的三表法肯定了经验的作用，说明直接经验是认识判断的来源。

(二) 意见——知性的

意见是作为主体的人对常识经验进行反思的结果，人的知性认识能力开始渗入进来，从而形成了各种较为系统的知识体系，分为散见之地方性知识和系统之意见。

人类历史上留存的各种地方性知识，只是对某一时期、地域文化的反映，不具有普遍的意义，作为事实存在的文化体系代表了某一子文化系统的历史面貌，需要受到正确对待。

关于各种意见集合的系统，可能是某个群体的文化存留，是特定群体活动的文化记载，如某种宗教派别的知识系统，古代的巫觋文化，民间的各种习俗、禁忌、成见等，虽然没有进入到科学认识系统当中，但是对于特定群体的生活却有着直接的影响，甚至是支配性的。

（三）科学知识——理性的

科学知识是通过人的理性能力对各种常识的经验知识、知性的意见系统加工、整理而成的，代表了人类自我认识水平的提升。由于局限于认识能力、认识水平的不同发展阶段，科学知识分为某一时期之科学知识和永恒普遍之科学知识。

科学的发展经历了认识范围的不断扩大，认识程度不断加深的过程，其理论也越来越具有系统性、普遍性。尤其在科学发展的早期，由于人类理性认识能力没有得到充分的显现，科学知识被接受的程度是非常之低的。宗教、迷信、经验的知识系统相对则占据着更为重要的位置。

只有当启蒙精神将理性彻底显发出来，人类开始自觉走上发展科学的道路，科学知识的普遍性才得到广泛的认同。这个工作是以康德为代表的一批启蒙哲学家完成的。

> 那么我究竟是什么呢？是一个在思维的东西。什么是一个在思维的东西呢？那就是说，一个在怀疑，在领会，在肯定，在否定，在愿意，在不愿意，也在想象，在感觉的东西。当然，如果所有这些东西都属于我的本性，那就

不算少了。难道我不就是差不多什么都怀疑，然而却了解、领会某些东西，确认和肯定只有这些东西是真实的，否认一切别的东西，愿意和希望认识得更多一些，不愿意受骗，甚至有时不由得想像很多东西，就像由于身体的一些器官的媒介而感觉到很多东西的那个东西吗？①

就是因为我确实认识到我存在，同时除了我是一个在思维的东西之外，我又看不出有什么别的东西必然属于我的本性或属于我的本质，所以我确实有把握断言我的本质就在于我是一个在思维的东西，或者就在于我是一个实体，这个实体的全部本质或本性就是思维。②

笛卡尔（René Descartes，1596～1650）法国伟大的哲学家、物理学家、数学家，解析几何的创始人。笛卡尔8岁开始学习拉丁文、希腊文、物理学、形而上学等课程，1616年被授予法学硕士学位，1628年到荷兰定居。他的哲学思想对后来的哲学和科学均产生了极大的影响。他是哲学上的二元论者，唯理论的代表人物之一。笛卡尔提出由理性直观得到的观念，如数学的、形而上学的公理，清楚明白，无可怀疑，这是一切科学的基础。主要著作有《几何学》《哲学原理》《形而上学的沉思》等。

① [法]笛卡尔:《第一哲学沉思录》，庞景仁译，北京：商务印书馆1986年版，第27页。
② [法]笛卡尔:《第一哲学沉思录》，庞景仁译，北京：商务印书馆1986年版，第82页。

（四）哲学知识——灵性的

哲学知识中被关心的主要问题包括这样几个方面：什么是最初的和最终的存在？这是形而上学、本体论哲学讨论的问题；语言的本质是什么？如何把握、理解语言的意义？这是逻辑学、语言哲学关心的问题；万物的生存本质是什么？人的生存意味着什么？这是存在论、人生哲学的问题；知识的基础何在？知识有没有尽头？知识的界限在哪里？这主要是科学所关心的问题。

康德提出的哲学问题包括：我能知道什么？我可以希望什么？我应该做什么？人是什么？

> 世界上有没有一种如此之确切的知识，以至于一切有理性的人都不会对它加以怀疑呢？这个乍看起来似乎并不困难的问题，确实是人们所能提出的最困难的问题之一了。在我们了解到要找一个直接可靠的答案会遭遇到障碍的时候，我们就算是完全卷入了哲学的研究——因为哲学只不过是一种企图，即企图解答这类根本的问题。但是，哲学并不像我们在日常生活中那样，甚至于也不像我们在科学中那样粗率地、武断地来解答问题，而是先要探讨这类问题令人感到困惑的所在，并认识到潜伏在我们日常观念之中的种种模糊与混乱，然后才批判地作出解答。①

从某个角度来看，知识是必须的，但是从另一个角度看来，知识就变成了障碍。因为当知识变成传统时，同时也就变成障碍，

① [英]罗素：《哲学问题》，何兆武译，北京：商务印书馆2007年版，第1页。

它把人的思想塑造成某种模式，这种模式不但使人们产生分歧，并且造成彼此的敌意，同时也阻碍了我们向内心深处去探索世界的真相、生命的本质。

局限于知识,就是对传统的某种执着。当然,突破传统又必须依赖知识,这是人类发展的辩证过程。人们只有不满足于已经有过的知识,才能够获得真正的进步。人心和人性是自然充盈的,可以面对一切变化作出应该有的反映。

玄智就是明智，觉悟的明德之体，常同天道的玄。玄既玄矣，自无所得，自无所达。然则元学的智慧，得而无得；元学的语言，达而无达。达而无达，则无达而无不达；得而无得，则无得而无不得。[1]

朱熹（1130～1200）字元晦，后改仲晦，号晦庵，别号紫阳，祖籍徽州婺源，出生于福建龙溪，并长期居住在崇安、建阳一带。朱熹幼时受教于其父朱松，聪明好学。24岁，拜见李侗，得洛阳之学。朱熹一生筑修书院，广招弟子，弘扬理学，在与同时代诸哲的激烈论辩中，以二程理学为宗，承继孔孟道统，构筑了一个博大精深的理学体系。其主要著作有《四书章句集注》《四书或问》《太极图说解》《西铭解》《周易本义》等。

① 冯契:《智慧的探索·补编》,《冯契文集》第9卷,上海:华东师范大学出版社1998年版,第68页。

二、科学真理之时空边界

从常识、意见中获得的科学认识，是真理性的认识。真理性的认识是人类对自身生命发展过程的确证，离开了真理，人类就会失去发展的方向。但是由于时空的局限，人类希望达到的普遍真理往往又是难以企及的。真理走着弯曲的路，人类走着起伏的路。

> 道可以合起来说，也可以分开来说，它虽无所不包，然而它不像宇宙那样必得其全然后才能称之为宇宙。自万有之合而为道而言之，道一，自万有之各有其道言之，道无量。……从知识这一方面说，分开来说的道非常之重要，分科治学，所研究底对象都是分开来说的道。……可是如果我们从元学底对象着想，则万物一齐，孰短孰长，超形脱相，无人无我，生有自来，死而不已，而所谓道就是合起来说的道，道一的道。①

（一）具体科学真理

自科学产生以来，人类建立了非常多的科学真理体系。对于具体科学真理可以从两个方面予以把握，一是就人类观察、认识某一自然、社会、精神现象而产生的具体认识结果；二是人类对世界上的具体现象的认识总是有着时间和空间的局限，表现出具体的特征。这是具体科学真理存在的前提。

① 金岳霖：《论道》，北京：商务印书馆1987年版，第17～18页。

> 求知是人类的本性。我们乐于使用我们的感觉就是一个说明；即使并无实用，人们总爱好感觉，而在诸感觉中，尤重视觉，无论我们将有所作为，或竟是无所作为，较之其它感觉，我们都特爱观看。理由是：能使我们识知事物，并显明事物之间的许多差别，此于五官之中，以得于视觉者为多。[①]

（二）普遍科学真理

尽管科学真理具有时代性，但是从探寻科学真理的方法和前提看，仍然存在着普遍的科学真理。这些内容主要包括：自然的本性、人与自然的关系、人的本性、社会的本性、人与人的关系、人类思维的本性、精神的本性、人与自我的关系，等等。虽然对于这些问题的揭示还有很多没有达到普遍真理的水平，甚至存在着很多分歧，但是对它们的研究和探讨终究会达到普遍真理。因为奠定任何普遍真理的形而上学基础都离不开对这些问题的探讨。人类精神不会放弃形而上学，任何时候，任何善于思考的人都需要形而上学。这就必须对纯粹理性本身来一个批判，这是超出科学之外的人类精神活动。

> 唯当此在存在，才“有”真理。唯当此在存在，存在者才是被揭示被展开的。唯当此在存在，牛顿定律、矛盾律才在，无论什么真理才在。此在根本不在之前，任何真理都不曾在，此在根本不在之后，任何真理都将

①［古希腊］亚里士多德：《形而上学》，吴寿彭译，北京：商务印书馆1959年版，第1页。

不在，因为那时真理就不能作为开展状态和揭示活动或被揭示状态来在。在牛顿定律被揭示之前，它们不是“真的”。但不能由此推论说，在存在者层次上不再可能有被揭示状态的时候，牛顿定律就变成假的了。这种“限制”也并不意味着减少“真理”的真在。

……

除非成功地证明了此在曾永生永世此在并将永生永世存在,否则就不能充分证明有“永恒真理”。只要这一证明尚付阙如,“有永恒真理”这一原理就仍然是一种空幻的主张,得不到足够的合法性来使哲学家们共同“信仰”它。

真理本质上就具有此在式的存在方式,由于这种存在方式,一切真理都同此在的存在相关联。……真理的“普遍有效性”也仅仅植根于此在能够揭示和开放自在的存在者。①

三、追寻科学真理之路

追寻科学真理需要爱、创造力、快乐的力量和灵性。如果心中有爱，心就会像一座喷泉，源源不断地流出清澈的泉水。人从童年时期开始就是充满创造力的，也是快乐的，这是自然的原始的快乐。灵性则是顺着这些力量自然生长出来的，灵性是认识能力中的最为奇妙的东西，会随着爱和快乐的力量的增长而增长。

①［德］海德格尔:《存在与时间》,陈嘉映、王庆节译,熊伟校,北京:三联书店1999年版,第260~261页。

（一）爱的力量

爱起源于我们童真的心，但是一旦进入社会的模式，一切便都陷入各种程式化的牢墙。成人不仅要有唤回童真的信心，更应该帮助年轻一代摆脱社会的牢笼，让年轻的心自由自在地、顺适地成长和发展。真正具备爱的心灵，其对于人生和生活的感悟是源源不断的。源泉混混，不舍昼夜，盈科而后进，这是君子的风格。爱的力量是引领人类走向真理的第一种力。爱是生存时空的产物，是人生存的最基本条件。

（二）创造力

拥有爱自然、爱人类、爱万物的心，其心中的创造力就会自然萌发。创造力不是只求改变世界，而是在人与自然共生共在的基础上创造出一种和谐，一种顺应自然和人快乐相处的境界。创造力是历史时空的产物，是推动人类历史发展的最为深层的动力。

> 小孩是无辜与遗忘，一个新的开端，一场游戏，一个自转的轮子，一个最初的运动，一个神圣的肯定。
>
> 是的，我的兄弟们，做创造的游戏，需要一个神圣的肯定：精神现在要有它自己的意志，丧失世界者赢得了自己的世界。
>
> 我向你们说出了精神的三种变形：精神如何变骆驼，骆驼如何变狮子，最后狮子如何变小孩。——
>
> 查拉图斯特拉如是说。而当时，她停留在叫做彩牛

的城里面。[①]

（三）灵性的力量

心中充满爱和创造的能力，就会唤起灵性的力量。灵性是心灵的最夺目的光，是自然赋予人的最伟大的爱和创造的力量。灵性闪现在人类危机的时刻，也闪现在人类获得荣光的时刻。灵性是宇宙时空的产物，是宇宙千万年演化的光能。

人类永远走在寻求真理的道路上，只要不丧失信心，保持善良的心，让人性顺适的发展，社会自然朝着人类期望的方向前进。在社会中，每个人只要找到自己真正喜爱的事情，并努力去做好这些事情，每个人就都能够获得自然而真实的快乐，社会也就和谐而让人感到幸福。

> 哲学之应当学习并不在于它能对于所提出的问题提供任何确定的答案，因为通常不可能知道有什么确定的答案是真确的，而是在于这些问题本身；原因是，这些问题可以扩充我们对于一切可能事物的概念，丰富我们心灵方面的想象力，并且减低教条式的自信，这些都可能禁锢心灵的思考作用。此外，尤其在于通过哲学冥想中的宇宙之大，心灵便会变得伟大起来，因而就能够和那成其为至善的宇宙合在一起。[②]

---

①[德]尼采:《查拉图斯特拉如是说》,杨恒达译,南京:凤凰出版集团 译林出版社2007年版,第20页。

②[英]罗素:《哲学问题》,何兆武译,北京:商务印书馆1997年版,第133页。

基督·克里希那穆提(Jiddu Krishnamurti,1895~1986),是印度一个婆罗门家庭的第八个孩子,是20世纪最卓越、最伟大的灵性导师,天生具足多样神通。他14岁时被选送到英国接受教育,被印度的佛教徒肯定为“中观”与“禅”的导师,而印度教徒则承认他是彻悟的觉者。他一直强调自我觉察以及了解自我局限、宗教与民族制约的必要。他一直指陈“开放”的极度重要,因为大脑里广大的空间有着无可想象的能量。出版演讲录和著作70多种,已被译成几十种文字。

※ 小 结 ※

人生在世总是想关注现实世界的真伪,力图求得对世界之真的安稳的揭示和说明。这是人类自我认识的展开之路。由于人类心灵能力有一个成长的过程,与之相应,人类的认识也呈现出种种的变化。从追求简单的常识到系统的科学知识的积累,人类认识之途起伏绵延,无有终期。人类所有的认识活动都与其生存的时空状态相关,这是破解真理之谜的一把钥匙。

参考阅读书目

[古希腊] 亚里士多德:《形而上学》,吴寿彭译,北京:商务印书馆1959年版。

[英] 罗素:《哲学问题》,何兆武译,北京:商务印书馆1997年版。

[德] 海德格尔:《存在与时间》,陈嘉映 王庆节合译,熊伟

校，北京：三联书店1999年版。

金岳霖：《论道》，北京：商务印书馆1987年版。

思与存在[1]

哲学之思总是展开于对存在的无尽追问。从巴门尼德到海德格尔，尽管发问的方式不同，但对存在的探求却绵绵相续。作为哲学的最一般的对象，存在首先是指本体论意义上的“有”(being)。人往往不满足于认知特殊时空中的具体对象，他总是要求在终极的层面把握存在，后者所指向的，也就是世界的统一性原理和发展原理；中国哲学家所谓“究天人之际，通古今之变”，亦是从一个方面表现了对统一性原理与发展原理的关注。

然而对存在的追问，并非仅仅是一种抽象的玄思。存在的探寻总是与人自身的“在”联系在一起。相对于本体论意义上的“有”(being)，人自身的“在”更多地展开于人的生存过程：它在本质上表现为一种历史实践中的“在”(existence)。离开人自身的“在”，存在（being）只具有本然或自在的形质；正是人自身的“在”，使存在向人敞开。当然，人自身的“在”，也并非处于存在之外，它总是同时具有某种本体论的意义。这样，人

① 摘自杨国荣：《存在的澄明——历史中的哲学沉思》，沈阳：辽宁人民出版社1998年版，导言。标题为本书编著者所加。

一方面在自身的“在”（existence）中切入存在（being），同时又在把握存在的过程中，进一步从本体论层面领悟自身的“在”。

……

人的存在作为一种在时间中展开的过程，总是有其历史的向度；存在的澄明亦逻辑地包含着对历史过程的阐释，步入近代以后，现代化逐渐成为时代关注的中心，而科学主义与人本主义则从各自的哲学、文化立场出发，对现代化和现代性作出了不同的评判；这种评判所涉及的，乃是历史中的存在，它固然内含着不同的价值取向，但同时也从一个方面表现了对存在的关切。

人类知识的边界

在历史老人面前，人类总是吹嘘着自己发现了什么，掌握了什么，并宣称已经建立起了自己的知识大厦。这种自诩而豪迈的态度在科学的时代愈演愈烈了。

各种确定性的知识被做成一块块真理之砖堆砌成了一座知识之塔。人类站在塔的各个地方，高兴地欢呼着，仿佛他们在一步一步接近天国的位置。

殊不知，人爬上知识之塔以后，就开始离开了他们生活世界的土地，并且越来越远。构造精巧的知识被分门别类地安置在图书馆的书架上，甚至存进了光盘里，一代一代地在老师和学生之间传递。

知识之树繁茂异常。有一天，狂风吹来，向四方伸长的树枝相互纠缠在一起，难以分开。大树剧烈的摇晃，震颤，知识之果一个个地落在了土地上，转眼之间消失得无影无踪。风越来越大，树根开始摇动，随着天崩地裂的呼叫声，知识大树轰然倒塌。知识之塔也分崩离析，变成了一堆真理之砖的废墟。

历史老人从狂风中走出。他捋起长须，捡起地上的真理之砖，摇了摇头，叹息道："这些人，只知道建塔，却从不想想它的根基是否牢靠，向往天堂的心遮住了他们的眼。"说完，转身回到了时空的风洞中。

是啊！人类在拼命构筑知识大厦的时候，却根本不去认真思考知识的边界在哪里？哪里是知识和真理的家？哪里是人自己的家？真的有彼岸世界吗？真的有理想之国，有天堂之城吗？

也许人类永远不能清楚地回答。

这是人类的自我限度之所在。

思考题

1. 人类的认识可以区分为几种？

2. 具体科学真理和普遍科学真理的区别何在？

3. 如何实现对真理的追寻？

第六讲　人生在世之善
——道德哲学论

问题导入

1. 道德是本来就有的，还是人类创造出来的？我们为何需要道德？没有道德社会能否存在下去？如果社会需要道德，我们又需要什么样的道德？

2. 从道德实现的途径看，道德是一种事实还是应当？如果道德仅仅是一种事实，又是什么样的事实？如果道德是应当的东西，那样的道德会有力量吗？

3. 你是否相信只有善没有恶的世界？善的社会能够实现吗？如果不能实现，人类将面临什么样的生活境地？如果能够实现，实现的方法是什么？

阅读材料

子曰："人而不仁，如礼何？人而不仁，如乐何？"[①]

水火有气而无生，草木有生而无知，禽兽有知而无义，

①《论语·八佾》。

人有气、有生、有知，亦且有义，故最为天下贵也。力不若牛，走不若马，而牛马为用，何也？曰：人能群，彼不能群也。人何以能群？曰：分。分何以能行？曰：义。故义以分则和，和则一，一则多力，多力则彊，彊则胜物；故宫室可得而居也。故序四时，裁万物，兼利天下，无它故焉，得之分义也。①

上德不德，是以有德；下德不失德，是以无德。上德无为而无以为，下德无为而有以为，上仁为之而无以为，上义为之而有以为。上礼为之而莫之应，则攘臂而扔之。故失道而后德，失德而后仁，失仁而后义，失义而后礼。夫礼者忠信之薄而乱之首。前识者，道之华而愚之始。是以大丈夫处其厚，不居其薄。处其实，不居其华。故去彼取此。②

有两样东西，越是经常而持久地对它们加以思考，它们就越是使心灵充满常新而日益增长的惊赞和敬畏：我头上的星空和我心中的道德法则。③

道德理想的胜利就像任何胜利一样，乃是通过非道德手段取得的：诸如暴力、谎言、诽谤和非正义性等等。④

①《荀子·王制》。

②《老子》第三十八章。

③［德］康德：《康德著作全集》第5卷，李秋零主编，北京：中国人民大学出版社2007年版，第169页。

④［德］尼采：《权力意志——重估一切价值的尝试》，张念东、凌素心译，北京：商务印书馆1998年版，第664页。

人类来到这个世界是一个本然的事件，是一个不争的事实，是无需添加任何色彩的存在。在人类事实生活之上，总有追求更高生活可能性的企图和欲望，道德的生活便是其中之一。道德生活有其历史和现实的底线，也有其历史和现实的理想寄托。人生在世希望追求一种君子的生活，而不是小人的生活，追求一种群体的生活，而不是孤寂的独体的生活，这当中都隐含着道德存在的秘密。

一、人类事实生活

人生在世首先依托的是各种事实生活，这是纯粹的、没有沾染任何价值色彩的人类在世方式，可以分为自然之事实生活和人类之事实生活。

（一）自然之事实生活

从人的存在前提来看，自然首先构成了人在世的基础，自然的一切变化过程是人类生活的出发点和归宿。在这个意义上，自然界的弱肉强食并不具有任何道德判断的价值。人就是在与自然活动的互动中学习自然、认识自然、了解自然、把握自然，从而走上人类在世的道路。

（二）人类之事实生活

作为宇宙间客观的变化过程，人类的在世活动首先是事实的存在，没有任何其他存在物可以给予人类的在世生活以评价。根据人类生存的事实来看，人心和人性表现出的各种状态都是属于人生在世的事实，并不存在优劣差等。饱食煖衣、住卧行走都无法赋予价值的意涵。这种纯然的人类事实生活虽然没有进入到被评价的视野，却是人生在世意义的价值源头。

> 6.41. 世界的意思必定是在世界之外。在世界中一切东西都如本来面目，所发生的一切都是实际上所发生的。其中没有任何价值，——如果它有价值的话，它就没有价值了。
>
> 如果有一个具有价值的价值，则它必定在一切所发生的事情之外，必定在实在（So-Seins）之外。因为一切所发生的和实在的都是偶然的。
>
> 使它成为非偶然的东西，不可能在世界之中，否则它又将是偶然的了。
>
> 它必须在世界之外。
>
> 6.42. 因此不可能有伦理的命题。
>
> 命题不可能表现更高的东西。
>
> 6.44. 神秘的不是世界是怎样的，而是它是这样的。[①]

康德提出星空的世界和心中的道德世界实际上就是对人生在世方式的判分，前者从外在感觉开始，把居于其中的联系拓展到人类世界之外的世界、星系，以及它们的周期性活动中，这个运

① [奥]维特根斯坦:《逻辑哲学论》，郭英译，北京：商务印书馆1992年版，第94~96页。

动持续无尽的时间，这是一个事实的世界；后者从不可见的自我开始(人格)，将我呈现于无穷的能为知性觉察的世界里，我们与外在世界的联系不是偶然的，而是普遍的和必然的连接，这就开始进入到规范乃至道德追求的世界。

二、规范之底线的时空边界

人生在世的事实状况虽然是本然的存在状态，但是由于人群存在的特点不同于其他生命体，因而总是表现出受着各种具体规范的制约。从本然的意义上看，无论是何种形式的规范都不能用价值观念予以分析，因为人群行为的结合方式是人类发展过程的必然结果。

> 在我所遇到的每一个道德学体系中，我一向注意到，作者在一个时期中是照平常的推理方式进行的，确定了上帝的存在，或是对人事作了一番议论；可是突然之间，我却大吃一惊地发现，我所遇到的不再是命题中通常的“是”与“不是”等连系词，而是没有一个命题不是由一个“应该”或“不应该”联系起来的。这个变化虽是不知不觉的，却是有极其重大的关系的。因为这个应该或不应该既然表示一种新的关系或肯定，所以就必需加以论述和说明；同时，对于这种似乎完全不可思议的事情，即这个新关系如何能由完全不同的另外一些关系推出来的，也应当举出理由加以说明。①

① [英]休谟:《人性论》下册,关文运译,北京:商务印书馆1997年版,第509~510页。

（一）事实的底线规范

人类的社会生活离不开基本的规范，至于选择何种规范形式来制约人类的生活方式，并把这些规范当作是人类最佳的选择，这就开始对规范做价值的判断了。

从人类已有的事实规范来看，其中带有普遍性的规范体系是人生在世的底线，如自由、正义、平等、宽容、仁爱、合作、功利、感恩等。因为这些规范具有永恒的意义和价值，是经过了人类发展史的长期验证，并留存于人类文化遗传的基因当中。

至于如何更好地实现这些基本的作为底线存在的规范，则需要确立一些具体的价值原则，并以此来制定各种人群和社会的规范体系。这就是现实社会的道德规范体系所要解决的问题。在这个意义上，规范仅仅具有底线的意义，这是社会存在的前提。

> 孟子曰："乃若其情，则可以为善矣，乃所谓善也。若夫为不善，非才之罪也。恻隐之心，人皆有之；羞恶之心，人皆有之；恭敬之心，人皆有之；是非之心，人皆有之。恻隐之心，仁也；羞恶之心，义也；恭敬之心，礼也；是非之心，智也。仁义礼智，非由外铄我也，我固有之也，弗思耳矣。故曰：'求则得之，舍则失之。'或相倍蓰而无算者，不能尽其才者也。《诗》曰：'天生蒸民，有物有则。民之秉夷，好是懿德。'孔子曰：'为此诗者，其知道乎！故有物必则；民之秉彝也，故好是懿德。'"[①]

①《孟子·告子上》。

> 德性分两种：理智德性和道德德性。理智德性主要通过教导而发生和发展，所以需要经验和时间。道德德性则通过习惯养成，因此它的名字“道德的”也是从“习惯”这个词演变而来。[①]

（二）规范的意义

规范尽管可以管束人的行为，但无法管束住人心。由于人类长期以来只求用规范来管束人心，发明了各种各样的方法来约束人心，限制人性的自然成长，社会越来越僵化不堪，社会的创造力愈发丧失。规范变成了约束人心和人性自然顺适成长的障碍。当规范仅仅作为规范而存在，就可能变成丑恶的东西，失去创造力。但是这种说法并不意味着人可以为所欲为，虽然没有外在的形式的规范，人心自在的爱和创造力会保证人不会越出生活的正轨。

从人类发展的根本方向来说，应该相信我们自己人性的优点，尤其是对于规范的制定和遵从。这是规范的最主要意义所在。从人性的不足方面看，规范往往是用来打破的，但这并不意味着规范是可有可无的。往深处追究，这涉及到规范的正负价值判断，与盗亦有道的争论相关。这是日常生活中讨论的人性弱点以及厚黑学理论所关注的问题。

① ［古希腊］亚里士多德：《尼各马可伦理学》，廖申白译注，北京：商务印书馆2003年版，第35页。

哲学问题

义利之辩：义利关系讨论的是关于人的行为如何判断的问题，即是以仁义还是以功利的标准来衡量人的行为实质，一般属于伦理学、道德哲学讨论的范围。原始儒家多主张义与利的统一，孔子认为："君子喻于义，小人喻于利。"（《论语·里仁》）反对不义而富且贵，要求见利思义。墨家贵义，提出有义则生，无义则死，有义则富，无义则贫，不义则无利。韩非子认为有利才有义，所以"善为主者，明赏设利以劝之，使民以功赏而不以仁义赐"。（《韩非子·奸劫弑臣》）西汉董仲舒主张："正其义不谋其利，明其道不计其功。"宋代理学则提出"存天理，灭人欲"的理论，朱熹说："仁义根于人心之固有，天理之公也；利心生于物我之相形，人欲之私也。循天理，则不求利而自无不利；殉人欲，则求利未得而害己随之。"（《四书章句集注》）事功学派叶适反对理学的观点，主张义利并重。清代颜元认为"正其谊以谋其利，明其道而计其功"。（《四书正误》）

义利关系的争论贯穿于中国哲学发展过程中，反映了中国人对人生在世的不同态度。在义利的取舍之间，形成了一种自然的张力，促使中国人生活方式不断变换，历史持续发展。义利之辩类似于西方哲学在义务论、规范论、德性论之间的论争。

功利主义：从古希腊起功利在伦理学中就一直受

到重视。休谟认为功利是所有德性的尺度。自从边沁提出功利原则以来，功利主义就被当作一种独特的伦理学理论。功利主义认为一个行为的正当与错误主要是由它所产生的善的、好的或恶的、坏的后果所决定的。一个人应该选择的道德上的正当行为，是在所有能够选择的结果中产生最大愉快、最少痛苦的行为。根据对行为和后果的不同理解主要有行为功利主义和规则功利主义、利己的功利主义和普遍的功利主义、快乐的功利主义和理想的功利主义之分。行为功利主义和规则功利主义的区分在于：前者依据具体行为的后果加以判断，后者依据某种行为采取某种原则带来的后果；利己的功利主义和普遍的功利主义的不同在于：前者考虑后果对行为者而言的善与恶，后者则考虑行为所涉及到的所有人；快乐的功利主义和理想的功利主义的区别是：前者把后果的善与恶当作仅仅取决于它带来的愉快或不愉快，后者则把与快乐不同的各种理智的或审美的因素考虑进去。功利主义遭受的的批评主要是：我们很难确定行为所带来的后果，有些时候最大的快乐并不能说明就是善的，只关注行为的后果就忽视了行为的整体性。这些批判对于功利主义始终是有效的。

三、现实社会历史的道德生活

由于现实的人生在世不可能是原始的自在状态，而是以自为的方式存在着。这时人必须面临种种抉择，抉择的前提就是对各种规范进行选择。选择何种规范不仅与主体人的价值立场相关，也与规范所能够带来的实际效用直接联系。

探寻现实社会道德生活需要从道德起源以及道德流变的过程入手。

（一）道德之起源

从人类事实生活到规范生活，再到道德的生活，都是与人生在世的时空状态相关的。探寻道德的起源至少有两个值得注意的领域：一是人类对规范的底线生活的破坏，由此引发的人类重建规范生活的愿望，从而激发人们寻求道德的解决方案；二是人类自身进化的必然结果，在心理和生理两个层面引发道德感的出现，从而造成人对道德生活的渴望和适应。

前者来自于人类现实社会生活的矛盾和冲突，这当中包括：人自身存在的矛盾、人与他人以及他物的矛盾、人的活动过程中的矛盾等。所有现实的和不现实的矛盾都能够引发对规范抉择的困境，由此引发的对规范的渴望成了人的在世方式的依托。

> 天下皆知美之为美，斯恶矣；皆知善之为善，斯不善已。故有无相生，难易相成，长短相形，高下相倾，音声相和，前后相随。是以圣人处无为之事，行不言之教。万物作焉而不辞，生而不有，为而不恃，功成而弗居。夫唯弗居，是以不去。[①]

---

①《老子》第二章。

我们必须开花，道德、无私心，就是人生之花。[①]

人类的进化是双重的，既有物质的、生理的，也有精神的、心理的。我们脑皮层的前额叶提供了我们之所以被认为是“人类心理”的生理基础。神经学者早就认识到脑皮层的额叶区高度进化，而且远远大于其他所有的动物，象征了一种相对较新的成就。我们现在可以重新确定这个所谓人类的精神维度，给予它特殊的性质，即辨别不同的形势和状态的能力，做出选择的能力，认同某种价值观和目标的能力，在我们的头脑中预见短期和长期的可能或大概情形以及我们相应行动的结果的能力：我们应该做什么，如何是正确的，还有分辨善恶的能力。换句话说，用道德的原则来指引我们的行为和判断。[②]

（二）道德之流变

社会的发展变化带来了人心和人性的改变，我们不能用改善这样的字眼来表述这样的变化，只能用流变来加以说明。

社会生活的多方面变化带来了人类生存方式的改变，因此导致的社会规范的改变是不可避免的。与此同时，人心和人性也随着人的在世方式不断发生着改变，性是日生日成的，在时空的转换中人性得以发展乃至成熟。

在特定的社会中，我对所有人的责任心可以甚至必

① [法]居友：《无义务无制裁的道德概论》，余涌译，北京：中国社会科学出版社1994年版，第94页。

② [英]乔治·弗兰克尔：《道德的基础》，王雪梅译，北京：国际文化出版公司，2006年版，第97~98页。

> 须在自我限制中表现出来。……自我可以被引导到——以它无限制的责任心的名义——为自我而忧虑。……我必须做到公正。意识、知与公正的这一诞生，同样也是作为爱之智慧的哲学的诞生。[①]

> “他人就是地狱”这句话总是被人误解，人们以为我想说的意思是，我们与他人的关系时刻都是坏透了的，而且这永远是难以沟通的关系。然而这根本就不是我的本意，我要说的是，如果与他人的关系扭曲了，被败坏了，那么他人只能够是地狱。……其实，对于我们认识自己来说，他人是我们身上最为重要的因素。[②]

（三）德性的价值原则

人所以能够构筑起社会大厦去安排人类的各种理想，其中关键之处就是人自觉地建立了一套德性价值观念体系。在儒家看来，这一体系的核心就是“仁者爱人”。人之爱人是以区分人和物为基础的。爱人的首要内涵就是孝悌，孝悌作为对人的尊重不是物质的，而是内在于人的尊严和人的生命存在的目的之上。孔子说：“今之孝者，是谓能养。至于犬马，皆能有养。不敬，何以别乎?”[③]“孝悌也者，其为仁之本与!”[④]就是说，通过孝悌去爱人，

①［法］勒维纳斯：《上帝·死亡和时间》，余中先译，北京：三联书店1997年版，第224页。

②［法］萨特：《他人就是地狱》，周煦良等译，西安：陕西师范大学出版社2002年版，第10页。

③《论语·为政》。

④《论语·学而》。

是把人当作有内在价值的存在来加以敬重的。人就是在以孝悌为基础的德性活动中体现自身和他人的价值。

人作为德性（道德）的存在是儒家追求其社会理想的基础，而人的德性活动则是人类朝向健康发展的动力。所以孟子提出："舜之居深山之中，与木石居，与鹿豕游，其所以异于深山之野人者几希；及其闻一善言，见一善行，若决江河，沛然莫之能御也。"[①]人把自己与禽兽区别开来依靠的就是对自然（狭义的）状态的超越，把仁道价值落实在人的整体德性存在当中，这是非常有远见的理论。

现代社会遭遇的诸多困境多数就是来源于对人的德性存在的消解，如网络文明虽然带来了人类交往的便捷，但却也造成了大量的社会问题。其根源就在于人类在追求技术进步的过程中，忽视了人的德性发展的必要性。这种人自身发展的不平衡恰恰是现代文明病的根源之一。

> 可以这样说，每种德性都既使得它是其德性的那事物的状态好，又使得那事物的活动完成得好。比如，眼睛的德性既使得眼睛状态好，又使得它们的活动完成得好（因为有一副好眼睛的意思就是看东西清楚）。同样，马的德性既使得一匹马状态好，又使得它跑得快，令骑手坐得稳，并迎面冲向敌人。如果所有事物的德性都是这样，那么人的德性就是既使得一个人好又使得他出色地完成他的活动的品质。[①]

①《孟子·尽心上》。

亚里士多德（Aristotle，前384～前322年），著名的古希腊哲学家、科学家和教育家。亚里士多德是柏拉图的学生，亚历山大的老师。公元前335年，他在雅典办了一所叫吕克昂的学校，被称为逍遥学派。亚里士多德一生勤奋治学，从事的学术研究涉及到逻辑学、修辞学、物理学、生物学、教育学、心理学、政治学、经济学、美学等，写下了大量的著作。他的主要著作有《工具论》《形而上学》《物理学》《伦理学》《政治学》《诗学》等。马克思称亚里士多德是古希腊哲学家中最博学的人物。

（四）永恒不变普遍之道德

除了对最低限度的道德，底线伦理进行足够的肯定和认同之外，我们还应当确立人类行为当中一些永恒不变的法则，这就是道德当中永恒不变的内容。

1993年在美国召开的世界宗教议会大会上通过了一个《全球伦理——世界宗教议会宣言》，提出了建立普世伦理的主张。它体现为两个原则：一是每个人都应该得到人道的对待；二是己所不欲，勿施于人。由这两个原则产生出四种行为准则：非暴力与尊重生命，团结的文化和公正的经济秩序，宽容的文化和诚信的生活，平等的权利和男女之间伙伴关系的文化。这分别对应于四条古老的诫命，即不杀人、不偷盗、不撒谎、不奸淫。

德行啊！你就是纯朴的灵魂的崇高科学，难道非要花那么多的苦心与功夫才能认识你吗？你的原则不就铭刻在每个人的心里吗？要认识你的法则，不是只消反求诸己，并在感情宁静的时候谛听自己良知的声音就够了吗？这就是真正的哲学了，让我们学会满足这种哲学吧！让我们不必嫉妒那些在文坛上永垂不朽的名人们的光荣；让我们努力在他们和我们之间划出人们以往是在两个伟大的民族之间所划的那条光荣的界限吧，让他们知道怎样好好地说，让我们知道怎样好好地去做吧。[①]

义务！你这崇高的、伟大的名字！你在自身中不包容任何带有谄媚的讨好之物，而是要求服从，但也不为了打动意志而作出任何在心灵中激起自然的厌恶和使人害怕的威胁，而只是树立一条法则，这法则自动地在心灵中找到入口，但却甚至违背意志而为自己赢得崇敬（即使并不总是赢得遵循），面对这法则，一切偏好都哑口无言尽管它们暗地里抵制它：你的可敬的起源是什么呢？人们在哪里找到你那高傲地拒绝了与偏好的一切亲缘关系的高贵出身的根呢？从哪条根生长出来，才是人们惟一能够自己给予自己的那种价值的不可缺少的条件呢？[②]

①［法］卢梭：《论科学和艺术》，何兆武译，北京：商务印书馆1963年版，第37页。

②［德］康德：《康德著作全集》第5卷，李秋零主编，北京：中国人民大学出版社2007年版，第92~93页。

康德（Immanuel Kant，1724～1804），德国哲学家，德国古典哲学的奠基人。康德生于东普鲁士的哥尼斯堡，父亲是一个马鞍匠。康德从小在教会办的学校受教育，1740年进入格尼斯堡大学神学院，1745年毕业后当了九年的家庭教师。从1755开始，康德一直在哥尼斯堡大学任教，当了多年的编外讲师，1770年才晋升为教授。康德的生平就是他的著作。康德的著作有《一般自然史和天体理论》《纯粹理性批判》《实践理性批判》《判断力批判》等。

四、道德理想之时空边界

人类发展的历史事实和生活现状表明人类离道德的完善状态还差得很远，何时能够实现道德的完满状态是难以预知的。这是道德哲学的形而上学的困境。分析地看，存在以下两种情形：一是人类摆脱纯自然状态进入社会，实现人的人文化过程；二是在追求人类理想状态实现的过程中道德完满性逐渐显露，从而对非人化的进程予以拒斥和修正。

（一）人经由自然状态向社会状态过渡

人源于自然的世界，但人又没有停留于自然的天然状态，而是通过自身的创造不断改变着现实的世界，从宇宙时空向历史时空演变。这个过程不是人类单纯摆脱自然的本来面目，而是在与自然相生共存的关系中构筑一种新的人类在世的基础，由此走向理想的境地。

> 在己与人皆谓之情，无过情无不及情之谓理。《诗》曰："天生蒸民，有物有则：民之秉彝，好是懿德。"孔子曰："作此诗者，其知道乎！"孟子申之曰："故有物必有则，民之秉彝也，故好是懿德。"以秉持为经常曰则，以各如其区分曰理，以实之于言行曰懿德。物者事也，语其事，不出乎日用饮食而已矣：舍是而言理，非古圣贤所谓理也。[①]

> 孟子曰："人之所以异于禽兽者几希，庶民去之，君子存之。舜明于庶物，察于人伦，由仁义行，非行仁义也。"[②]

哲学问题

知行之辩：知指知识、认识能力、行为意识（主要是道德行为）等；行指行为、行动、践行等。知行问题关注的是人生在世的行为方式，主要论证的方面包括先后、轻重、难易等。《左传·昭公十年》："非知之实难，将在行之。"《尚书·说命中》："知之非艰，行之惟艰。"《论语·季氏》："生而知之者上也，学而知之者次也；困而学之，又其次也；困而不学，民斯为下矣。"孟子提出："人之所不学而能者，

①《孟子字义疏证》。

②《孟子·离娄上》。

其良能也；所不虑而知者，其良知也。”（《孟子·尽心上》）这种观点强调人有先天的道德意识，属于人性的本能。《老子》认为圣人不行而知，庄子则认为真知的状态是“堕肢体、黜聪明、离形去知。”（《庄子·大宗师》）北宋程颐提出知先行后，知难行亦难，朱熹提倡知行相须，不可偏废，“知之愈明，则行之愈笃；行之愈笃，则知之益明。”（《朱子语类》卷十四）王阳明致良知说认为知行合一，“我今说个知行合一，正要人晓得一念发动处，便即是行了。”（《传习录下》）“知是行的主意，行是知的功夫；知是行之始，行是知之成。”（《传习录上》）王夫之主张知行相资以为用，“知非先，行非后，行有余力而求知。”“君子之学，未尝离行以为知也必矣。”（《尚书引义·说命中二》）孙中山把人类认识过程分为不行而知、行而后知、知而后行三个阶段，强调知难行易，天下事惟患于不能知耳，“倘能由科学之理则，以求得真知，则行之决无难事。”（《孙文学说》）毛泽东的《实践论》副标题是“论认识和实践的关系——知和行的关系”，把认识和实践等同于知和行的关系，强调主观和客观、认识与实践、知和行的具体的历史的统一。

在古希腊哲学中，活动与行为同义，一般都是指动作者有意做出的事情，与之对应的是言说。从严格意义上说，行为仅限于执行理性的选择，仅限于只有人才能做的事情。在这一层面上，行为主要是与自由意志和义务相关联，行为要受到道德的谴责或赞美。自然界事物的活动不涉及到理性，因而不能算作行为。为此亚里士多德提出了实践智慧的概念，意为导向实践的理性活动。相反，思辨智慧关注永恒的事物。实践智慧就是将一般规则运用于具体的生活领域，确定应当做的正确行为。康德专门论证了实践理性的理论。康德认为实践理性是相对于理论理性而言的，指理性的实践运用，关涉到人们应该做什么，理论理性只关心是什么。由于人更多的是作为理性的主动者而不是只作为理性的认知者，所以实践理性对于理论理性具有优先性，实践理性与自由密不可分。实践理性是道德法则的发源地，是我们自主性的根本基础。以皮尔士、杜威等人为代表提出的实用主义最初讨论的是真理问题，是指理论意义等价于采用它的实际效果的意义标准。实用主义主张知识必须与人类的实际目的、与我们对环境的适应相关。思想信念依据它们的社会、伦理和生物学效用来辩护。实用主义反对抽象和绝对原理，关注具体的事实和行为，认为任何被证明为具有具体生活价值的观念都是真的。

知和行、认识和实践的关系涉及人的活动本质，包括认识、实践活动的来源、过程、目的等。由知行关系可以引发出大量的哲学问题，这是一个迄今为止没有得到很好解决的哲学问题。

王阳明（1472～1529），名守仁，字伯安，浙江余姚人，世称阳明先生。王阳明28岁及第进士，其后仕途坎坷。正德年初，被贬谪到贵州龙场驿，在此悟出了“圣人之道，吾性自足”的道理，史称“龙场悟道”。50岁左右，提出了“致良知”的命题，标志着其思想体系的最终完成。他一生的语录、书札及其论学诗文，被后人收集编为《王文成公全书》流传于世。

（二）人永远行走在善的路上

历史的道德时空奠定了人的生存时空基础，在个体的时空中，德性的修为和养成永远是无止尽的。如其说人努力做一个道德的人，不如说人就走在道德的路上，走在通向善的路上。至善之路无尽矣，人生在世无穷矣。

人的德性是一种美，美德就是对道德最佳状态的描绘和说明。拥有美德的人就是将善和美完美结合在一起的人。只要心存美德，就有条理。除非你有美德，不只是在小事情上有美德，而是在所有事情上都有美德，否则你的生活就会变得混乱。“幸福不是德性的报酬、而是德性本身。”①

美德是靠养成的，现代德性伦理呼唤德性的目的就是要培养人们养成道德的意识，道德的目的是让人成其为人，而不只是成为道德规范的执行者。

① [荷兰]斯宾诺莎:《伦理学》，贺麟译，北京：商务印书馆1983年版，第266页。

> 唯天下至诚，为能尽其性；能尽其性，则能尽人之性；能尽人之性，则能尽物之性；能尽物之性，则可以赞天地之化育；可以赞天地之化育，则可以与天地参矣。①

> 只要这个世界还被恐怖所笼罩，谈论黄金时代，谈论现代和发展，完全是浪费时间。
>
> 只要不宽容是我们的自我保护法则中必不可少的一部分，要求宽容简直是犯罪。
>
> 等到象屠杀无辜的俘虏、烧死寡妇和盲目崇拜一纸文字这样的不宽容成为荒诞无稽的事，宽容一统天下的日子就到了。
>
> 这可能需要一万年，也可能需要十万年。
>
> 但是，这一天一定会到来，它将紧随人类获得的第一个胜利——征服自身恐惧心理的载入史册的胜利——而到来。②

德性是一种美，一种明智，一种智慧。没有德性就会丧失这一切。德性需要养成，而不是简单地通过学习就能够得来。有德性的人未必是最有知识的人，只有把知识与生活、生命本身结合在一起，德性才有可能养成。生活本身就是一个学习和养成自我的场所，忽视生命本身的人不可能造就真正的德性。其中懂得、

①《礼记·中庸》。

②［美］亨德里克·房龙：《宽容》，迮卫、靳翠微译，北京：三联书店1985年版，第387~388页。

学会、养成一种爱的习惯是养成德性的重要方式和条件。仇恨是容易的，这是人类非人化过程的结果。道德的养成不仅仅要从正面激发人性的能力，还要在扬弃非人化的过程中祛除非道德的人性能力，如此才能够使道德植入人心和人性当中。儒家似乎只注重前者，基督教则偏重于后者。这两种倾向代表了东西方道德文化的不同取向。

※ 小　结 ※

人生在世不仅追求真的生活，也希望过善的生活。善的生活的基础不仅有人性的根源，也有自然、人类历史发展所带来的必然结果。从人类事实生活到受规范制约，到现实社会的道德生活，最后到理想的道德世界的生活，是人类自身德性在时空转换中不断展现的历程。德性养成的整个过程，是善与恶、人化与非人化的历史统一，这是人类寻求道德生活的最终根源。

参考阅读书目

朱熹:《四书章句集注》，北京:中华书局2012年版。

[古希腊]亚里士多德:《尼各马可伦理学》，廖申白译注，北京:商务印书馆2003年版。

[德]康德:《实践理性批判》，韩水法译，北京:商务印书馆1999年版。

[美]亨德里克·房龙:《宽容》，迮卫 靳翠微译，北京:三联书店1985年版。

何怀宏:《良心论》，上海:三联书店1984年版。

杨国荣:《伦理与存在》，上海:上海人民出版社2002年版。

习作选

人是谁

我们应该做什么？我们应当如何做？这都是传统伦理学的思考进路，没有真正切入到人的本性或人的本质当中，只能是一种形式化的伦理。

我能成为什么？我是什么样的存在？人是谁？人为何而来又为何而去？这类问题才真正把人的问题彻底揭示出来。

前一类问题无关乎处境中的人的具体行为，也难以约束单独的个体存在的人，更不能对人的行为产生根本的影响，是一种追问知识的思考方式。

后一类问题才会对人的行为产生直接的影响，会使人真正地改变自己行为的方式，直至追求怎样的立身处世，做事为人。并且把做人当成一个真正的目标。因为这类问题直接改变着人对自身本质的看法，从而改变人的各种行为。因为人的活动是一个个事件构成的，而不仅仅是过程。

强调行为是事件，是对行为意义根据的寻求，但行为本身也应当是有过程的。这种过程不是凸显出来的，只是隐秘不宣的。凸显的只是事件，而非其他。

有了一个个的事件，做人才在事件的系列中慢慢地形成印记，最终构成一个人生命的洪流，使人的生命在事件之流中延续。

人不是为了做事而来的，人是为了成就他的自我而降临人间的。

教育人就是教会人如何去做人。做事，做成功每一件事就是做人的每一个环节。

歧路并不可怕，只要坚信自己能够做一个人，做一个处身立世的堂堂正正的人。

这是现代伦理学的真正任务所在。

恶种得恶果

按照佛的理论，种瓜得瓜、种豆得豆，善恶自有报应。

那么恶又是怎样来的呢？老子说，天下皆知善之为善，斯不善也，皆知美之为美，斯恶矣。老子的思想是辩证的，是用一种区分的观点来看待善与恶。

真正恶的来源是人类自己造就的。因为人类在很早的教育中就埋下了恶的种子。在各种形式的童话故事中，各种邪恶、凶恶的对象出现在各类艺术作品中。就连动物和植物都被分成恶的和善的两类。大灰狼就变成了恶的代名词，可怜的孤独的狼背负起人类恶的种子，大概由于狼的孤独性，使得人类把恶的名声加在它的头上。还有所谓狡诈的狐狸，懒惰的猪等等。这是对自然界生存法则的嘲笑。成长过程中的儿童被灌输了各种防备邪恶的方法和知识。人心和人性由此开始了罪恶之旅。

西方的宗教更是如此，人类的作恶被当成是蛇的唆使，苹果的功劳。正是动物和植物的双重罪恶造就了人类祖先恶的原罪。人类生活的阳光被原罪的阴沉所覆盖，在人的心灵深处恶的种子萌发。

成人社会的恶就是这早年生活印象的结果，抛弃这些奇怪的恶毒观念，我们就能够走出恶的阴影，彻底走在向善的路上。我们为何放弃善的阳光大道，而宁愿走在恶的途中。这是人类悲惨命运的根源，因为它是人自己造就的。

思考题

1. 如何区分事实和道德的生活？
2. 道德是如何起源的？道德的底线是什么？
3. 人类社会的道德理想状态存在吗？为什么？

第七讲 人生在世之美
——艺术哲学论

问题导入

1. 美和你的生活有关吗？美源自哪里，自然事物能够纳入到美的范畴当中吗？人们常说的天地之美指的是什么？

2. 对于下里巴人和阳春白雪，你的态度是什么？日常生活中有没有美的事物存在？我们应当如何看待丑的事物？

3. 现实生活中是否存在为艺术而艺术的人生？纯粹的艺术人生是否意味着与凡尘隔绝，如果不是，为艺术而艺术又是指的什么？

4. 有没有超越的艺术形态，纯净的思辨的快乐和美感是否存在？你体验过单纯的思的快感吗？能否用自己的语言表达出来？

阅读材料

收拾残红意自勤，携锄替筑百花坟。
玉钩斜畔隋家冢，一样千秋冷夕曛。
飘零何事怨春归？九十韶光花自飞。
寄语芳魂莫惆怅，美人香草好相依。①

黛玉葬花

啮缺问乎王倪曰："子知物之所同是乎？"曰："吾恶乎知之？""子知子之所不知邪？"曰："吾恶乎知之？""然则物无知邪？"曰："吾恶乎知之？虽然，尝试言之。庸讵知吾所谓知之非不知邪？庸讵知吾所谓不知之非知邪？且吾尝试问乎女。民湿寝则腰疾偏死，鳅然乎哉？木处则惴栗恂惧，猿猴然乎哉？三者孰知正处？民食刍豢，麋鹿食荐，

① 李叔同题丁悚绘《黛玉葬花图》二首，《李叔同的佛心禅韵》，西安：陕西师范大学出版社2007年版，第261页。

鲫蛆甘带，鸱鸦耆鼠，四者孰知正味？猿猵狙以为雌，麋与鹿交，鳅与鱼游，毛嫱丽姬，人之所美也，鱼见之深入，鸟见之高飞，麋鹿见之决骤。四者孰知天下之正色哉？自我观之，仁义之端，是非之途，樊然淆乱。吾恶能知其辩？”[①]

有有我之境，有无我之境。“泪眼向花花不语，乱红飞过千秋去”“可怜孤馆闭春寒，杜鹃声里斜阳暮”，有我之境也。“采菊东篱下，悠然见南山”“寒波澹澹起，白鸟悠悠下”无我之境也。有我之境，以我观物，故物皆著我之色彩。无我之境，以物观物，故不知何者为我，何者为物。古人之词，写有我之境者为多，然未始不能写无我之境，此在豪杰之士能自树立尔。[②]

只有对于美的欣赏的愉快是唯一无利害关系的和自由的愉快；因为既没有官能方面的利害感，也没有理性方面的利害感来强迫我们去赞许。

美是无一切利害关系的愉快的对象。

对于自然的美具有一个直接的兴趣（不单具有评定它的鉴赏力）时是一个善良灵魂的标志，并且，假使这兴趣是习惯性的，它至少表示一种有利于道德情绪的心意情调，如果这兴趣乐于和自然的静观相结合着。[③]

①《庄子·齐物论》。

②《人间词话》卷上三。

③［德］康德：《判断力批判》上卷，宗白华译，北京：商务印书馆1964年版，第46、48、143页。

美是无处不在的，人生的快乐和幸福离不开有美感的生活。这个世界本来就是一个美的世界，因为人生处在不同的时空境遇中，往往忽视了眼前的、心中的各种美的存在。寻求美的过程与人生的自然成长是一致的。至美之路悠远而漫长，歧出而多方，人生为美的付出显得格外珍贵和崇高，这个过程本身就是美的生活的一部分。

一、自然之自在艺术

自然是自在的美。天地创造万物就是本着美的法则，因此之故，美是天然的、自在的、原始的。庄子说："天地有大美而不言，四时有明法而不议，万物有成理而不说。圣人者，原天地之美而达万物之理。是故至人无为，大圣不作，观于天地之谓也。"①庄子论天地有大美而不言包括三方面含义：不言之美是根本之美，是美的形而上的存在，一切具体美的形态都是其形象；天地之美是无需言说，是无言之美，这是美的最高准则，也是美的最终底线；天地之美不是孤独的自然之美，而是与人文世界相生相接之美，人的生命之美源自于自然天地之美。

典　雅

司空图

玉壶买春，赏雨茅屋。坐中佳士，左右修竹。

白云初晴，幽鸟相逐。眠晴绿阴，上有飞瀑。

①《庄子·知北游》。

落花无言，人淡如菊。书之岁华，其曰可读。

自然的自在之美是超越时空的，属于宇宙时空演变、造化的结果。儒家之孔颜之乐、道家之赤子之心、禅宗之不立文字、希腊众神之美，皆表明宇宙自然万物是人心本然的存在，万物之美是自在而自然的。

语默动静，一切声色，尽是佛事，何处觅佛。不可更头上安头，嘴上加嘴。但莫生异见，山是山，水是水，僧是僧，俗是俗，山河大地，日月星辰，总不出汝心，三千世界都来，是汝个自己。何处有多般？心外无法，满目青山。虚空世界皎皎地，无丝发许与汝作见解。所以一切声色，是佛之惠。法不孤起，仗境方生。为物之故，有其多智。终日说，何曾说。终日闻，何曾闻。所以释迦四十九年说，未曾说着一字。[①]

世界之美、万物之美是无言的，也是人的知识所不能言诠的。自在世界的呈现可以脱离人的言语世界，是人生在世之美显现的源泉。

二、经验的常识艺术

日常生活中的各种艺术表达形式充满了人们对于经验生活的理解和一种对于美的生活方式的寄托。由于经验的常识艺术能够

① 黄檗《宛陵录》。

满足多数人的审美需要，常识艺术也就和人们的生活密切结合在一起。

根据经验生活不断变换的时空情景，日常生活呈现出丰富性、复杂性、多变性等特点。反映日常生活的艺术形式之间不存在高低优劣之分，皆有其存在的必要。仁者乐山，智者乐水。沧浪之水清兮，可以濯我缨，沧浪之水浊兮，可以濯我足。下里巴人和阳春白雪都是人们日常生活不可缺少的东西。

日常生活的艺术不仅是人们日用常行的精神依托，也是人们迈向追求艺术境界的必由之路。所以说生活是艺术的源头。

诗经·小雅·鹿鸣

呦呦鹿鸣，食野之苹。我有嘉宾，鼓瑟吹笙。吹笙鼓簧，承筐是将。人之好我，示我周行。

呦呦鹿鸣，食野之蒿。我有嘉宾，德音孔昭。视民不恌，君子是则是效。我有旨酒，嘉宾式燕以敖。

呦呦鹿鸣，食野之芩。我有嘉宾，鼓瑟鼓琴。鼓瑟鼓琴，和乐且湛。我有旨酒，以燕乐嘉宾之心。

客观之诗人，不可不多阅世。阅世越深，则材料越丰富，愈变化，《水浒》《红楼梦》之作者是也。主观之诗人，不必多阅世。阅世愈浅，则性情愈真，李后主是也。①

审美的艺术作为美的艺术，就是这样一种以反思性

① 王国维《人间词话》卷上十七。

的判断力，而不是以感官感觉为准绳的艺术。

美的就是那在纯然评判中（而不是在感官感觉中，也不是通过一个概念）让人喜欢的东西。”①

三、以艺术为在世方式

艺术是反映时代、社会的。从日常的生活艺术出发，人类还是想追求一种超越普通生活的美的生存方式，但是只有少数人能够做到这一点。从东、西方艺术反映的形式来看，其反映方式的差别不是矛盾的、对立的，而是因为在不同的时空环境中生就了这种差异。东方艺术侧重于从宇宙时空来反映人的生命历程，西方艺术则从生存时空来揭示人的生命的秘密。艺术反映方式的差异并不代表其有高低优劣之分，从本质上看都是人类追求美的在世方式的结果。

石涛说：“呕血十斗，不如啮雪一团。”这话很有意思，可以说是这位独创派大师一生绘画实践的总结。呕血十斗，是技巧上的追求；啮雪一团，是精神上的提升。技巧是作画之必备，绘画当然要呕心沥血的功夫，但一个成功的画家不能停留在技巧的追求上，而应超越技巧，由技而进于道。因为中国画强调的是“心印”，绘画的空间形态是心灵的显现。绘画不仅靠“学”，还须靠“养”。绘画成功的关键不是知识，而是智慧，是独特的精神境

①［德］康德：《康德著作全集》第5卷，李秋零主编，北京：中国人民大学出版社2007版，第319页。

界。所以，养得一片宽快悦适的心灵，就像石涛所说的吞下一团洁白的雪，以冰雪的心灵——毫无尘染的高旷澄明之心——去作画，乃作画所必须。①

文学艺术的高下，决定于作品的格；格的高下，决定于作者的心；心的清浊、深浅、广狭，决定于其人的学，尤决定于其人自许自期的立身之地。②

当你知道写诗的人是谁之后，你才说这首诗可爱，这是俗不可耐的、势利的态度。这是重复别人的意见，而把自己对事物真相的观察力破坏了。你看见一幅很美的图画，你觉得非常感动，至于谁画了这幅画，那重要吗？如果你惟一关心的是去了解它的内容以及画面的真相，那么这幅画自然会传达它的精髓给你。③

弗里德里希·尼采（Friedrich Nietzsche，1844～1900），德国著名哲学家、思想家。他是西方现代哲学的开创者，同时也是伟大的诗人和散文家。他最早开始批判西方现代社会，然而他的学说在他的时代却没有引起人们重视，直到20世纪，才激起人们广泛而深远的讨论。尼采一生著述丰富，代表作有《悲剧的诞生》《查拉图斯特拉如是说》《善恶的彼

① 朱良志:《生命的清供》,北京:北京大学出版社2005年版,第1页。

② 徐复观:《中国艺术精神》,上海:华东师范大学出版社2001年版,第355页。

③ [印度]克里希那穆提:《人生中不可不想的事》,叶文可译,北京:群言出版社2004年版,第59页。

岸》《人性的，太人性的》等。尼采的哲学是人类于沉沦中的思想创造，是未来的哲学。

人类目前创造的文化其主流就是一种依赖的文化，我们在依赖中生存。我们依赖自己的父母、师长、朋友，依赖一切与自己有关系的人。在这样追求相互依赖的社会里，很难产生具有创造性的艺术，以及为艺术而艺术的生命。

在艺术当中，只有为艺术的艺术才能够算得上是艺术。那些不关心艺术本身，而去追求艺术之外的东西往往是最世俗的艺术。不过，我们总是沉浸在世俗的艺术当中，而不是在真正的艺术中，这就是很多真正的艺术家过着困苦生活的原因。现代社会的艺术更加商业化、世俗化、庸俗化，因而更加制造出一批又一批的庸俗艺人，为人类腐败的生活提供永不枯竭的资源。人类的心灵已经千疮百孔，那种自然的、具有活力的人心和人性只存在于刚刚出生的婴儿身上。

子路、曾皙、冉有、公西华侍坐。子曰："以吾一日长乎尔，毋吾以也。居则曰：'不吾知也！'如或知尔，则何以哉？"子路率尔而对曰："千乘之国，摄乎大国之间，加之以师旅，因之以饥馑。由也为之，比及三年，可使有勇，且知方也。"夫子哂之。"求！尔何如？"对曰："方六七十，如五六十，求也为之，比及三年，可使足民。如其礼乐，以俟君子。""赤！尔何如？"对曰："非曰能之，愿学焉。宗庙之事，如会同，端章甫，愿为小相焉。""点！尔何如？"鼓瑟希，铿尔，舍瑟而作，对曰："异乎三子者之撰。"子曰："何伤乎？亦各言其志也。”曰：“莫春者，春服既成，冠者五六人，童子六七人，浴乎沂，风乎舞雩，咏而归。”夫子喟然叹曰：“吾与点也！”①

曾点之学，盖有以见夫人欲尽处，天理流行，随处充满，无少欠阙。故其动静之际，从容如此。而其言志，则又不过即其所居之位，乐其日用之常，初无舍己为人之意。而其胸次悠然，直于天地万物上下同流，各得其所之妙，隐然自见于言外。②

有无之辩：有指实有、有形、有名、存在等，无指虚无、无形、无名、不存在等。《老子》提出有无相生，无比有更为根本，“天下万物生于有，有生于无。”（《老子·四十章》）庄子认为无并非不存在，而是万物的根源，“泰初有无，无有无名，一之所起，有一而未形。”（《庄子·天地》）但是有无无先后，二者相对而生，“有有也者，有无也者，有未始有无也者，有未始有夫未始有无也者。俄而有无矣，而未知有无之果孰有孰无也。”（《庄子·齐物论》）有无关系是魏晋时期哲学讨论的重要问题。王弼提出以无为本，“天下之物皆以有为生，有之所始，以无为本。”（《老子注·四十章》）裴頠、郭象则主张以有为本，

①《论语·先进》。

② 朱熹：《四书章句集注》，北京：中华书局2012年版，第131~132页。

裴頠说："至无者无以能生，故始生者自生也。自生而必体有，则有遗而生亏矣。生以有为已分，则虚无是有之所遗者也。"（《崇有论》）郭象认为："无既无矣，则不能生有……然则生生者谁哉？块然而自生耳。"（《庄子·齐物论》注）张载、王夫之将有无与气的变化联系起来，主张有无是气变化的不同状态。"气聚，则离明得施而有形，气不聚，则离明不得施而无形。方其聚也，安得不谓之客（有）；方其散也，安得遽谓之无？""知太虚即气则无无。"（《正蒙·太和》）"可见谓之有，不可见遂谓之无，其实动静有时而阴阳常在，有无无异也。"（《张子正蒙注·太和篇》）

佛教专门有无为与有为的分辨，也称无为法与有无法。无为法指诸法之真实体性，是终极存在与真理，与实相、法性、真如、涅槃等同义。《大毗婆沙论》第七十六："若法无生无灭，无因无果，得无为相，是无为义。"有为法指一切处于相互联系、生灭变化中的现象，生、住、异、灭四有为相是其特征，也指人的造作行为。《具舍论光记》卷五："因缘造作名'为'，色、心等法从因缘生，有彼为故，名曰'有为'。"法相宗把有为法分成四类：色法、心法、心所有法、心不相应行法。

西方哲学从巴门尼德开始，形而上学理论就以"什么是存在"作为其讨论的中心问题。不同的哲学理论可以看作是对这一问题的不同回答。柏拉图认为只有普遍形式是存在，可感事物既是存在的又是不存在的，这种区分开启了实在与现象、共相与殊相的对立。亚里士多德提出存在有多种意义，他讨论了存在的十种意义，并且论证了本体是它的首要意义。中世纪哲学家在世界为上帝所创造的基础上区分了存在与本质，只有上帝才是存在与本质的同一，其他一切事物的本质皆植根于上帝之中。笛卡尔声称“我思故我在”，贝克莱的口号则是“存在就是被感知”。存在作为黑格尔哲学的第一个范畴，是纯粹的，没有任何规定，但它能够被思维。海德格尔认为西方传统哲学都是讨论“什么是存在?”与存在本身无关，而是与存在者相关，对存在者的关心使得人们忘记了存在本身。

存在问题是西方哲学的核心问题，许多主要的哲学问题都是围绕此展开的。大致可以这样认为，有无问题不必关系到具体我的存在，存在非存在必然涉及我的存在。

四、超越形态的艺术

自在天然之美、世俗经验之美、艺术创造之美是人生在世的来源之美、依托之美、现实之美，这些美的层次关乎人的生命的直接展现和敞开。如果把人生作为一种美的在世而言，美是渗透一切的，是包容万物的，也是深入人心和人性的。从这个角度说，唯美的追求，精神的艺术创造属于美的在世的终极目标，是人生在世之美的彻底显现。

（一）思维的艺术

生活之美离不开思维之美。如果精神活动的方式以艺术为唯一准则，即使不以任何外在的形式表现出来，也会保持一种内心的纯白无暇。如哲学的思考就是纯粹思辨的快乐。而其他一切人的生命活动如果达到极致，也就成了一种艺术的高度，如政治的艺术、经济的艺术、信仰的艺术、科学的艺术、人生的艺术等等。

> 我们认为幸福中必定包含着快乐，而合于智慧的活动就是所有合德性的实现活动中最令人愉悦的。爱智慧的活动似乎具有惊人的快乐，因这种快乐最纯净又持久。我们可以认为，那些获得了智慧的人比在追求它的人享有更大的快乐。[①]

> 颜子一箪食，一瓢饮，在陋巷，人不堪其忧，而不改其乐。夫富贵，人所爱，颜子不爱不求而乐于贫者，独何心哉？天地间有至贵至富可爱可求而异于彼者，见其大而忘其小焉耳。见其大则心泰，心泰则无不足，无不足则富贵贫贱处之一也，处之一则能化而齐。故颜子亚圣。[②]

（二）唯美的艺术

由于精神彻底的沉浸于在世之美当中，唯美的艺术生活就变得

---

①［古希腊］亚里士多德：《尼各马科伦理学》，廖申白译，北京：商务印书馆2003年版，第306页。

②《通书·颜子第二十三章》。

可能。唯美的艺术不仅以艺术为生命在世的方式，而且把德性的生活也纳入其中。生命之美就是生命之善和生命之真的统一。

诗经·秦风·蒹葭

蒹葭苍苍，白露为霜。所谓伊人，在水一方。
溯洄从之，道阻且长。溯游从之，宛在水中央。
蒹葭萋萋，白露未晞。所谓伊人，在水之湄。
溯洄从之，道阻且跻。溯游从之，宛在水中坻。
蒹葭采采，白露未已。所谓伊人，在水之涘。
溯洄从之，道阻且右。溯游从之，宛在水中沚。

凡音者，生于人心者也。乐者，通伦理者也。

德者性之端也。乐者德之华也。金石丝竹，乐之器也。诗言其志也，歌咏其声也，舞动其容也。三者本于心然后乐器从之。是故情深而文明，气盛而化神；和顺积中，而英华发外，唯乐不可以为伪。[①]

湘夫人

屈原

帝子降兮北渚，目眇眇兮愁予。嫋嫋兮秋风，洞庭波兮木叶下。登白薠兮骋望，与佳期兮夕张。鸟何萃兮苹中，罾何为兮木上？沅有芷兮澧有兰，思公子兮未敢言，荒忽兮远望，观流水兮潺湲。麋何食兮庭中，蛟何为兮水裔？朝驰余马兮江皋，夕济兮西澨。闻佳人兮召

①《礼记·大学》。

予，将腾驾兮偕逝。筑室兮水中，葺之兮荷盖。荪壁兮紫坛，播芳椒兮成堂。桂栋兮兰橑，辛夷楣兮药房。罔薜荔兮为帷，擗蕙櫋兮既张。白玉兮为镇，疏石兰兮为芳。芷葺兮荷屋，缭之兮杜衡。合百草兮实庭，建芳馨兮庑门。九嶷缤兮并迎，灵之来兮如云。捐余袂兮江中，遗余褋兮醴浦。搴汀洲兮杜若，将以遗兮远者。时不可兮骤得，聊逍遥兮容与。

庄子（约前369～前286），名周，战国时代宋国蒙（今安徽省蒙城县，另一说河南省商丘市东北）人。著名思想家、哲学家、文学家，是道家学派的代表人物，老子哲学思想的继承者和发展者。庄子的哲学精神已经熔铸进中国人的思想世界中，成为中国人生活的一种依托。《庄子》一书三十三篇，其文字恣肆汪洋，阖辟大方，饱含着丰富的哲学、文学、艺术思想。

（三）超越的艺术

人是一种形而上学的存在，人生在世也是一种形而上学的在世。由于人的形而上学性，人的存在变得高不可攀，此时惟有超越形态的艺术之美才能够表现人的在世。艺术不再从属于人生在世的经验范围，远远超越了一切生命存在的形式，这就是超越的艺术。如道家根本无心于艺术，但是却造就了最高的关于道的艺术，这是一种极其超越的艺术。艺术之技不过是表现道的基本手段。

南伯子葵问乎女禹曰："子之年长矣，而色若孺子，何也？"曰："吾闻道矣。"南伯子葵曰："道可得学邪？"曰："恶，恶可！子非其人也。夫卜梁倚有圣人之才，而无圣人之道。我有圣人之道，而无圣人之才。吾欲以教之，庶几其果为圣人乎？不然。以圣人之道，告圣人之才，亦易矣。吾独守而告之，参日而后能外天下。已外天下矣，吾又守之，七日而后能外物。已外物矣，吾又守之，九日而后能外生。已外生矣，而后能朝彻，朝彻而后能见独，见独而后能无古今，无古今而后能入于不死不生。杀生者不死，生生者不生。其为物无不将也，无不迎也，无不毁也，无不成也。其名为撄宁。撄宁也者，撄而后成者也。"①

人能够表明，就在人通过世界意识和自我意识，通过他自己的心物自然的对象化——精神特有的标记——而成为人的那一刻里，人也以什么样的内在必然性必然把握住一个超世俗的、无限的和绝对的存在最形式化的观念。这是人的自然从低于自己的存在阶段中渐次发展的过程中的最美的果实之一。一旦人把自己——这个过程也属于人的本质，是人的生成本身的行为——从自然整体提出来，并把自

①《庄子·大宗师》。

然变成自己的“对象”，他随即惊恐地转向自身并问道：“我自己在哪里？我的根据是什么？”人不可能再这样说：“我是世界的一分子，我处在世界的包围中。”因为他的精神和人格的现实存在，在空间和时间里比这个“世界”的存在形式更高级。①

※　小　结　※

美本来是自然的，也是自在的。当人追求过一种美的生活的时候，现实存在的时空就沾染上各种各样的色彩。因为要去发现美、创造美、欣赏美，人生的光彩就愈发的显亮。自然天地万物之美是发现美的根源，人性的闪光促使人们去创造美，去随时随地的欣赏美。美无处不在，这是人自我超越的前提，在超越、提升的道路上，真、善、美奏响起人生的华彩篇章。

参考阅读书目

孙希旦：《礼记集解》，北京：中华书局1989年版。

王国维：《人间词话》，北京：中华书局2012年版。

[德] 尼采：《查拉图斯特拉如是说》，杨恒达译，南京：凤凰出版集团 译林出版社2007年版。

[德] 康德：《判断力批判》上卷，宗白华 韦卓民译，北京：商务印书馆1964年版。

①[德]舍勒：《人在宇宙中的地位》，《舍勒选集》，刘小枫选编，上海：三联书店1999年版，第1357页。

习作选

哲学　智慧　生命

哲学本有自己的智慧之名和荣光之路。

哲学不会因为其自身而被玷污和毁损，哲学只会因为其学习、教育、领悟不当而使学习者变得混乱和芜杂，但哲学自身不会停下自己的脚步去瞻顾这些莫名的现象。

智慧的道路是通透而敞亮的，依哲学的名不行哲学之实的人只会栽倒在非哲学的泥坑中，永远不会得到哲学的风采荣光。

智慧是与生命同在的，没有生命的智慧和没有智慧的生命都是不可想象的。生命因智慧而发光芒，而丰满，而可能趋于完善。智慧因生命之流动而显发其力量，而变得更加精彩并超迈。

智慧与生命同为哲学大道上的并驾齐驱者，离开智慧，生命就要枯竭而平庸，离开生命，智慧也要衰微而致沉沦。

智慧之光常照，生命之树常绿。在光照之下，绿色更加鲜艳。在绿色之中，光照也更显明亮。

哲学的道路因智慧光亮的深远而值得探行至永远，也因生命之绿的铺张而可以使人得到家园的慰藉。

人走在哲学的路上，享受着生命和智慧的双重关爱。人快乐地行进在哲学的道路上，人与一切生命、一切智慧共享着哲学大道的敞亮与坦实。人因哲学而得安慰，哲学之路因人而更宽远。

人所赞美的、所渴望的必将能够进入到哲学的视野，哲学大道上的智慧生命也因人的跃动而与人相契相应……

亭 子

吴祖宏

在中国，几乎每一个园林，每一个景区都离不开亭子。它点缀着山山水水，与自然和谐生趣，是一种特有的审美意象。

亭子的形态多种多样，但基本结构差不多。它不像房子，只有一个屋顶，几根柱子，中间是空的。这样一个“古怪”建筑它有什么作用呢？元人有一首诗说的比较确切，“江山无限景，都付一亭中”。

突破有限，进入无限，这大概就是亭子的作用了。它能让人超越个体的生命状态，从而进入一种历史甚至宇宙的状态中，思索生命，感悟历史，慨叹宇宙。正如王羲之在《兰亭集序》开篇写兰亭之美一样。美不在兰亭本身，而在于它能使人“仰观宇宙之大，俯察品类之盛”。无独有偶，王勃在《滕王阁序》中也写到了滕王阁建筑的华美。但更美的是滕王阁可以让你领略无边的壮丽景色，“落霞与孤鹜齐飞，秋水共长天一色”这一壮阔的空间之美更能引起人对历史宇宙的思考。“天高地迥，觉宇宙之无穷，兴尽悲来，识盈虚之有数”。

亭子就是这样一个载体，把人的生命从世俗之中渡到历史宇宙之中。它就是不同时空边界临界点的物化。

立于亭中，透一口气，微风徐徐，举目四眺，名胜大观尽收眼底，闭目凝神，胸怀万象，思接千古……

思考题

1. 如何理解天地自然之美？

2. 人们追求美与人生在世的关系是什么？

3. 唯美的生活是否可能？为什么？

第八讲　人在此世之信
——宗教哲学论

问题导入

1. 人终究免不了身体的死亡，身体朽坏之后，精神还会继续存在吗？你是否相信人的精神存在是永恒的，如果是，那么它是以什么方式存在的，又会存在于什么地方？

2. 你害怕死亡吗？他人的死亡对于你思考生命的意义有什么启示？当你自己接近生命的终点时，你会寄托于来世吗？

3. 世界上的宗教种类繁多，产生于不同的地域和时代，这是人类文化的正常现象还是反常？你会信奉某种宗教吗？如果信，你会选择何种宗教作为自己精神的皈依？

阅读材料

子贡曰："夫子之文章，可得而闻也；夫子之言性与天道，不可得而闻也。”①

子疾病，子路请祷。子曰：“有诸?”子路对曰：“有之。诔曰：‘祷尔于上下神祇。’”子曰：“丘之祷久矣。”②

季路问事鬼神。子曰：“未能事人，焉能事鬼?”曰：“敢问死。”曰：“未知生，焉知死?”③

冉求问于仲尼曰：“未有天地可知邪?”仲尼曰：“可。古犹今也。”冉求失问而退。明日复见，曰：“昔者吾问，‘未有天地可知乎?’夫子曰：‘可，古犹今也。’昔日吾昭然，今日吾昧然。敢问何谓也?”仲尼曰：“昔之昭然也，神者先受之；今之昧然也，且又为不神者求邪！无古无今，无始无终。未有子孙而有子孙可乎?”冉求未对。仲尼曰：“已矣，未应矣！不以生生死，不以死死生。死生有待邪？皆有所一体。有先天地生者物邪？物物者非物，物出不得先物也，犹其有物也；犹其有物也，无已。圣人之爱人也终无已者，亦乃取于是者也。”④

神学分为两部分，一是思辨的神学，一是实践的神学，它在思辨和实践两方面都超过其他科学。通常，我们说一种思辨科学超过其他科学，不外指它的确实性比其他科学高，或者它的题材比其他科学更高贵，而神学

①《论语·公冶长》。

②《论语·述而》。

③《论语·先进》。

④《庄子·知北游》。

在这两方面都超过其他思辨科学。说它有较高的确实性，是因为其他科学的确实性都来源于人的理性的本性之光，这是会犯错误的；而神学的确实性则来源于上帝的光照，这是不会犯错误的。说它的题材更为高贵，这是因为神学所探究的，主要是超于人类理性的优美至上的东西，而其他科学则只注意人的理性所能把握的东西。至于一般实践科学，它的高贵系于它是否引向一个更高的目的。如政治学、军事学，是因为军事的目的是朝向国家政治的目的。而神学的目的，就其实践方面说，则在于永恒的幸福，而这种永恒的幸福则是一切实践科学作为最后目的而趋向的目的。所以说：神学高于其他科学。①

在基督教中，它的进一步的形式乃是：使人意识到、向人们启示的神是什么——就是说，进一步更确定地使人们意识到了神性和人性的统一：(1) 这种统一性潜存于人的意识中，(2) 并表现在崇拜仪式的现实性中。[基督徒的生活意味着]：主观性的最高点是熟识这个观念。崇拜仪式、基督徒的生活乃是：个人、主体本身被要求、被认为值得自觉地达到这个统一性，被认为能够使自己配得上使神的精神即所谓神恩存在于他身上。②

宗教不仅产生于人类对自然的无知，也产生于人类对死亡的

① [意]托马斯·阿奎那：《神学大全》，第1集，第1部，第1题，第5条。

② [德]黑格尔：《哲学史讲演录》第3卷，贺麟、王太庆译，北京：商务印书馆1987年版，第233～234页。

恐惧。宗教的力量是精神性的，是从人类开始面对自然的神秘变化中发生的。宗教产生之后，作为一种终极的精神力量始终支配着人类的在世生活方式。人生可以不信仰某种具体的宗教，但不可能没有自己的信仰。信仰是人生之灯，点亮信仰之灯，照亮人生的旅途。从时空哲学的角度看，宗教作为人生在世的方式可以分为三种：感性宗教、理性宗教、终极宗教。

一、感性宗教

在人类丰富而复杂的感性生活中，潜在地隐藏着人类的信仰活动。从原始人群的观念看，巫术文化向礼乐文化，最后向现代文化的发展过程，说明人类对于感性宗教生活的需求是直接的。从个体成长的过程看，儿童时期的万物一体观念是人类信仰生活的基础。社会的教化不是简单消除人们对世界不确定的犹疑和恐惧，而是在某种文化观念体系中培养人们面对生死的态度。

（一）巫觋观念

自然对于早期的人类而言，主要是作为一种异己的力量而存在。天地万物的生灭变化对于人来说都是难以解释的，也是难以把握的。在最初绝地天通的时期，巫觋使用的巫术不是纯然的毫无意义。巫术不仅能够给予人们直接的精神支持，而且在巫术的传承中，人类其他的认识能力也随之而增长。

（二）习俗礼仪观念

在同自然抗争的同时，人类也开始自觉地去认识、理解自然的一切生灭变化过程。在人与自然的不断磨合中,人类自身的行为方式不断得到积累、确定,慢慢形成了各种习惯、风俗、礼仪观念。日常的习惯、风俗和礼仪观念支配着人们的日用常行,是人生在世的最为俗常的表现。尽管习惯、风俗和礼仪表现出多样性、复杂性,甚至有些神秘,有些在不同的人类群体中采取截然相反的行为方式,但是这不影响支配这些行为方式的观念的合理性。其合理性就是这些观念来源的终极性,作为人类生存方式的要素,这些观念是人类对自我生存的最佳选择。

从习俗观念当中，我们可能会区分出一些与科学观念相背离的东西，但是这并不减少它们存在的合理性。即使被当作与科学相对立的迷信观念，如果是出自某个人群在世方式的特殊的约定，这种迷信观念作为常识的信念仍然是需要的。因为习俗的观念属于人类感性、知性领域中的常识和意见，是人类科学和哲学认识的基础。

二、理性宗教

随着社会的发展，人类各种观念的体系纷纷被创造出来，其中对信仰、宗教一类的终极观念的反思也逐渐成熟，形成了丰富多彩的宗教思想。这些以理论形态表现出来的宗教观念可以称之为理性宗教，是人类理性渐趋发达之后的产物。

（一）信仰的力量

宗教的信仰力量不完全来自感性，更多的是来自理性的自我确证。从常识到意见，再到知识的信念，再到对终极存在物的信仰，这是随着人类在世时空的转变不断提升的自我确信的过程。人的信仰的力量来源于人自身，理性的信仰就是寻求和确证人自身所具备的这种力量，这是健康信仰的来源。

> 世界意识、自我意识和上帝意识，构成了一个不可分割的结构统一体——恰如对象的超验与自我意识产生于同一个行为，即“第三反射”。人什么时候才确定他的中心呢？——当那个“非也”变成外界具体的现实，精神的现实的存在及其观念的对象在这个“不”当中构筑起来时；当面向世界的行为出现，要无限地闯入发现了的“世界”范围去探索，不停留在任何一个事件上，当这个永不休止的欲望产生之时；当正在变化的人毁弃一切先于他的动物界的方法，即被迫适应外界，或使自己适应外界，反其道而行之，使被发现的“世界”适应于他自己和他的已变得有机、稳定的生命；当人使自己脱离自然，以便把自然变成他统治的对象，以及新的艺术原则和符号原则的对象——就在这些行为发生的同一时刻，人必然在世界以外、在世界的彼岸确定下自己的中心。
>
> 人、人的自我和人的心灵是我们所能知道的神的生成的唯一场所——但也是这个超验过程的一个真实部分。……人的生成与神的生成从一开始就是互为依存的。[①]

---

①［德］舍勒:《人在宇宙中的地位》,《舍勒选集》,刘小枫选编,上海:三联书店1999年版,第1358、1360~1361页。

托马斯·阿奎纳（Thomas Aquinas，1225～1274），中世纪经院哲学家和神学家，死后被封为天使博士或全能博士。他出生于意大利南部一个贵族家庭，早年在那不勒斯大学学习，后来到科隆、巴黎，师从著名神学家大阿尔伯特，学习古希腊哲学和神学，1256年获硕士学位。他成功地将基督教的神学思想和亚里士多德的哲学融合在一起，建立起了庞大的经院哲学体系。代表作有《神学大全》《哲学大全》等。

（二）理性宗教的精神指向

世界上有各种宗教理论，对人类发生重大影响的宗教主要是基督教、伊斯兰教和佛教。三大宗教各有自己精深的理论体系，践行教旨的方法和仪式。虽然不同的宗教提供了不同的信仰方式，从根本上说，它们对人在此世的启发和引领是相同的，都是信靠神，获得灵魂的解救，进入终极的彼岸信仰世界。这些经过无数的宗教学家阐明的宗教理论精神是理性的，是属于人类宇宙时空的反思。在这个层面上，宗教和科学、艺术、哲学的作用是相通的，其精神指向是一致的。在某种意义上说，宗教的精神力量可以激发科学的神思、艺术的灵思、哲学的慧思。就像佛教所称的金刚智慧，是大彻大悟、通透古今、穿越时空的人类精神之能量。

后代迷人，若识众生，即是佛性；若不识众生，万劫觅佛难逢。吾今教汝，识自心众生，见自心佛性。欲求见佛，但识众生，只为众生迷佛，非是佛迷众生。自性若悟，众生是佛；自性若迷，佛是众生。自性平等，众生是佛；自性邪险，佛是众生。汝等心若险曲，即佛在众生中；一念平直，即是众生成佛。我心自有佛，自佛是真佛；自若无佛心，何处求真佛？汝等自心是佛，更莫狐疑。外无一物而能建立，皆是本心生万种法。故经云：心生种种法生，心灭种种法灭。①

（三）宗教与人生

人生在世离不开宗教的信靠，但是人未必要过一种具体宗教的生活。人所需要的终极信仰可以在任何其他类似于宗教的精神时空中得到满足，如钻研科学、追求艺术、践行道德、创造哲学等等。人生的终极之思是多方面的，但又是百虑而一致的，殊途而同归。

现实生活中的宗教仪式不是宗教，盲目的信仰不是宗教。盲目的信仰使人类分裂。人类走向和平的道路必然是消弭宗教间的无谓纷争的历程。

任何形式的宗教都不可能解决人生以及世界的问题，宗教的仪式不过是对人心恐惧状态的一种安慰。我们每个人都是自己的神，我们不可能是他人的神，所以我们也不可能做其他任何人的神。救赎和拯救只有靠我们自己。现有的宗教只会造成人类的分裂，而不是和平和团结。教育人要有信仰，但不可迷信，迷信会把人导向盲从，导向自我失落。我们对自己的无知多数是起源于对不明真相的对象的迷信。真相大白了，迷信也就消失了。

①《坛经·付嘱品》。

什么是宗教呢？如果你把窗子擦干净了，如果你停止表面上的宗教仪式，放弃所谓的信仰，停止盲目追随任何领袖人物或灵性上师，然后你的心就像这面窗子一样，是干净的、明亮的，你就能从其中看得清清楚楚。

如果你的心不被形象、仪式、信仰、言辞、重复诵念的咒语及所有恐惧占据，那你所见到的就是真实的、永恒的、不受时间限制的东西，你可以称它是上帝。①

三、终极宗教

宗教之思是终极的，是无可往返的。因为宗教反思面对的就是人类无可逃避的死亡之域。死亡首先是人类肉体功能的丧失，然后是精神活动的中断。对于个体的人来说，死亡是个体之物质符号的不再续存，对于群体来说，死亡不过是生命延续的必然，对于人类来说，死亡只是促使人类加深对自我存在之谜的理解和反悟。

诚然，人无需为自己构成一个关于死的特殊“概念”。甚至这种“知识”也并不含有任何先于死亡而出现的心灵的和身体的伴生现象，并不含有任何可能的死之实现方式，任何原因和结果。不过，如果人仅仅把死本身的“理念和本质”与所有那些实际上只通过经验而获得的知识鲜明地区分开来，那么，人就将发现，这个死

①［印度］克里希那穆提：《人生中不可不想的事》，叶文可译，北京：群言出版社2004年版，第242页。

之理念不仅属于我们意识的构成因素，而且实际上就是一切生命意识本身的构成因素。[①]

（一）死后的世界

迄今为止，人类对于死后状态做出的判断主要有以下几种：（1）复活论，人死之后在来生来世可以获得新的精神，产生新的意识活动，还有新的身体，如基督教的复活理论；（2）轮回论，人生的死只是现象，人的生命在一个循环的过程中不断变换其样态，精神和肉体的状态都会发生变化，如佛教的六道轮回理论；（3）消失论，随着死亡的到来，人的精神和肉体都将不复存在，一切归于寂灭，多数属于无神论的主张；（4）不朽论，不同于轮回的观点，人类可以通过自身的修行方式，到达一种类似于神或者与神仙同在的存在方式，这时人的存在可以没有具体的身体存在样式，其意识活动可以穿越时空，随时随地的存在着，属于一种修道的神仙理论，如道教的理论。

哲学问题

形神之辩：形指人的形体，生理性的物质存在，神指精神，包括心理、灵魂一类的存在。形神关系探讨的范围涉及人的形体与精神、肉体与灵魂的关系，从广义的角度看，在有生命物的东西那里都存在形神关系问题。先秦时期的《管子·内业》认为“凡人之生也，天出其精，地出其形，合此以为人。”精

①［德］舍勒：《人在宇宙中的地位》，《舍勒选集》，刘小枫选编，上海：三联书店1999年版。

气与形体的结合形成人。《庄子·知北游》提出“昭昭生于冥冥，有伦生于无形，精神生于道，形本生于精，而万物以形相生。”形神统一于道。《荀子·天论》则肯定精神以及精神活动要依赖形体，“形具而神生，好恶、喜怒、哀乐臧焉。”中医理论认为“饮食有节，起居有常，不妄作劳，故能形与神俱，而尽终其天年。”（《上古天真论》）东汉王充则将形、气、神结合在一起进行讨论，“形须气而成，气须形而知。天下无独燃之火，世间安得有无体独知之精?”（《论衡·论死》）南北朝时期，形神问题成为哲学论争的中心。慧远宣扬“神不灭论”，提出“火之传于薪，犹神之传于形。火之传异薪，犹神之传异形。”（《沙门不敬王者论》）范缜针锋相对反对这种理论，著《神灭论》，从质用的角度出发，认为“形者神之质，神者形之用”，“形存则神存，形谢则神灭”。

西方哲学讨论心身问题则可以追溯到柏拉图和亚里士多德。柏拉图提出灵魂总是不幸地现身于一个总有一死的肉体当中，人的肉体死后，灵魂总是要回到本来的地方。亚里士多德认为心或灵魂是身体的形式。笛卡尔则是从现代哲学的角度对心的实质进行了分析。笛卡尔认为心的实质是思维，是与身或广延实体完全不同的存在物。与笛卡尔不同，法国哲学家梅洛·庞蒂认为人的身体就是一个与世界和他人对话的主体，身体与心灵一起构成了一个既是物质又是精神的现实。我们身体所处的位置决定了我们知觉的方式，我们需要与身体共同生活来体验这个存在的世界。心理学、生物学试图通过神经系统或大脑的结构来解释心身问题，这需要科学长期的努力。

从哲学的角度看，形神关系无论是一元论的，还是二元论的，都是人对自身生命存在的判断，对肉体和精神关系秘密的思议。从终极的意义上看，形神是宇宙能量的存在方式，辩论二者的关系没有实质的意义。

慧能（638～713），一作惠能，中国禅宗第六代祖师。俗姓卢，出生于广东新兴。慧能自幼家境贫寒，三岁丧父，后迁居南海，以卖柴为生。因听人诵读《金刚经》有悟，决心出家学佛。慧能于公元662年到湖北黄梅参拜弘忍大师，后得弘忍大师真传，南下传法于广东，创立了禅宗南宗理论，主张顿悟成佛，使禅宗获得了极大的传播和发展，是佛教中国化的一座高峰。其言行说教后被录入《坛经》。

（二）生死之间

人生在世徘徊于生死之间，有有形有神之生死，有无形无神之生死，有有形无神之生死，有有神无形之生死，这些生死的转换和迁移都是人类在世能量在不同时空境遇中的变幻。形神、灵肉、生死本来就是相生相在的，个体之人无需刻意寻求不死，以求永生。人类的死亡观就是人类自我意识的组成部分。只有人类在乎自己的生死，除却人类，这个世界是无生无死的。随着人类生存样态的多样化、科学化、复杂化，生死问题会更加凸显。科学解决的生死是在灵与肉的层面上，宗教反思的生死是在形神层面上，哲学的解决是彻底的生死观，是以人类的智慧关照自我的生死。

遗留在人类思想中的崇敬先人的祭祀精神、膜拜神像和偶像的庙宇精神、杀身成仁的烈士精神、悼念英雄的纪念碑精神，不仅仅是以物的方式留存在世界的各个地方，更是人类在世的自然方式。这些精神凝聚了生死对人类的考验，是人类达观生死的最好表现。

> 物质在其一切变化中仍永远是物质，它的任何一个属性任何时候都不会丧失，因此，物质虽然必将以铁的必然性在地球再次毁灭物质的最高的精华——思维着的精神，但在另外的地方和另一个时候一定又以同样的铁的必然性把它重新产生出来。①

> 当今历史学家的工作除了具有历史学的动力外——虽然在开头并不一定意识到——其意义在于更广泛地重新认识死，必须更深入研究，描绘出今天面对死亡的态度的更有意义的画面。②

> 死生，命也；其有夜旦之常，天也；人之有所不得与，皆物之情也。彼特以天为父，而身犹爱之，而况其卓乎！人特以有君为愈乎己，而身犹死之，而况其真乎！

①《马克思恩格斯选集》第3卷，北京：人民出版社2012年版，第86页。

②［法］米歇尔·沃维尔：《死亡文化史》，高凌瀚、蔡锦涛译，北京：中国人民大学出版社2004年版，第18~19页。

泉涸，鱼相与处于陆，相呴以湿，相濡以沫，不如相忘于江湖。与其誉尧而非桀也，不如两忘而化其道。夫大块载我以形，劳我以生，佚我以老，息我以死。故善吾生者，乃所以善吾死也。夫藏舟于壑，藏山于泽，谓之固矣。然而夜半有力者负之而走，昧者不知也。藏大小有宜，犹有所遁，若夫藏天下于天下，而不得所遁，是恒物之大情也。特犯人之形而犹喜之，若人之形者，万化而未始有极也，其为乐可胜计邪？故圣人将游于物之所不得遁而皆存。善妖善老，善始善终，人犹效之，又况万物之所系，而一化之所待乎？[1]

※　小　结　※

死是人生在世的自然，因为有了死，人类才寻求一种终极的信靠。人类自我信心的获得离不开对神以及彼岸世界的自我设计，如何求得生命的圆满和自足是人类宗教反思的主要问题。无论死后的状态如何，人类都要在信靠的道路上往下走，无论走到何方，人类注定要在生死的无穷循环中自我蜕变，一次一次地提升自己到一个新的时空界域。向死而生，为生而死，生而不死，死而永生，这是人生在世的终极状态。

参考阅读书目

陈鼓应：《庄子今注今译》，北京：中华书局2009年版。

赖永海主编：《金刚经·心经》，陈秋平译注，北京：中华书局2010年版。

①《庄子·大宗师》。

[德]舍勒：《人在宇宙中的地位》，《舍勒选集》，刘小枫选编，上海： 三联书店1999年版。

《圣经·马可福音》。

[美]维克多·弗兰克尔：《活出生命的意义》，吕娜译，北京：华夏出版社2021年版。

习作选

想成为神的精神[①]

宗教对于人们有着不同的意义：对一些人来说，它是一种给予，一种安慰，乃至一种信奉者希冀从中获得某些实利和好处的东西。而对另一些人来说，它是一种奉献，一种牺牲，一种可以用来使自己的精神飞升达于极高境界的东西，一种使他们完全忘记了自我的东西。因此，在前者是自然地接受的东西，后者则是通过痛苦的追求才得到的。前者接受宗教也许只是因为诞生在有宗教传统的家庭或者宗教占主导地位的国家，而如果他们生在一个无神论传统占统治地位的国家，他们大概也会欣然接受无神论。他们在信教的过程中大都使他们的信仰与他们的生活相安无事，心中不起风暴，精神不曾升华。而后者则全然不同，他们都曾经历过激烈的痛苦和追求，他们或者是从表面的信教转入内心的皈依（如帕斯卡尔），或者是从猛烈地反对转入激烈地信奉（如圣

① 摘自何怀宏：《问题意识》，济南：山东友谊出版社2005年版，第261～262页。

保罗)。但不管怎样，他们共同的特征是内心都经历过大地震。而且一经相信，就彻底地改变他们的生活方式。他们的极其真诚恰和某些信徒的虚伪或敷衍形成鲜明的对照，他们的极其热烈和彻底也和许多信徒的无动于衷、折衷调和形成鲜明的对照。

尤其早期基督教的历史，就是一些圣徒和殉道者的历史。正是这些圣徒和殉道者帮助基督教从心灵上征服了众人，使他们的宗教从一个似乎很快就要湮灭无闻的小教派发展为一个长久支配人们心灵的大宗教。宗教代表着人类一种超越的渴望，一种力求无限和彻底的精神。它帮助造就了一些圣徒，一些独特的心灵，一些是后人看到人类精神可以怎样飞翔的范例。有没有这样一些范例是大不一样的，即使他们寥如几颗星星，在如漆的黑暗中却是某种巨大的安慰。宗教通过他们展示了一种本来就潜藏在人心中的一种力求无限和彻底的精神，使人们不断试图突破自己精神上的局限。这是人的精神，但却想成为神的精神！

苦

苦是人类生命意识所不可缺少的,没有对于苦的关注和深刻体悟,很难成为一个真正的人,尤其是生活在社会中的人。

儒家的乐苦、佛家的悲苦、基督的行苦、道家的脱苦，都是人类文化积累的苦观。承受苦、认识苦、理解苦、让渡苦是生命追求的一种目标。没有对于苦的意识的文化是不足观的。

生命中接受苦，也创造苦。旧苦、新苦；旧怨、新恨，一切在灭寂、沉沦中的苦都显现出来。因为苦造就了圣人、佛祖、上帝、仙人，这是人类文化追求的最终和最高理想。因为苦成就了人生的涅槃，生命的逍遥。

人生不能承受之苦就是人生不可承受之乐。

苦者苦我,乐者乐我。

生死之间

现代社会发展出的技术把人类生死的场景直接放在了人们面前。

面对着一场场灾难，人的生命的脆弱和渺小被充分的展示出来。在现代战争面前，被现代战争武器毁灭的人的生命更加显示人类自我精神的迷失。

自然的灾变带来的不仅仅是许多生命的丧失，而且也给人类现代的生存方式提出了疑问。我们究竟是更安全的生活着，还是更加危险的生存着，这似乎成了一个问题。

在现代社会的救助体系中，需要我们救助的不仅是人的肉体，更多的是人的精神。那些在灾难中丧失亲人的人，需要的是精神的慰藉和信靠，那些丢失身体某个部分的人需要的是心灵的救助和支持，我们救得了人的肉体，可是很难救出那些丧失了精神家园的人的心灵。

我们是让身体自然的痛苦的死去，还是让他坚强的活下去，这不仅是难民所要面对的，也是常人所要面对的。

在生死之间，如何保持一种心灵的平衡，保持生命的自然状态，一直困扰着人类的精神。

思考题

1. 迷信与信仰有什么不同之处？

2. 查阅相关资料，简要阐述世界三大宗教的主要教义。

3. 人类如何正确面对死亡？

第九讲　人生在世之言
——语言哲学论

问题导入

1. 自然界发出各种各样的声音，你觉得这些声音对于人类来说有没有意义？如果有意义，那么这些声音代表了什么？人类能够听懂自然的言语吗？

2. 每个人每时每刻都在说着，虽然说的方式不完全一样，人为什么要不停的诉说，或者用心诉说，或者用身体诉说？人类言语的秘密何在？

3. 在日常生活中，你说话会有人关注吗？你会关注身边的人所说的内容吗，他们说的内容对你有没有影响？为什么有些时候，我们说过了很多遍的话，仍然得不到别人的理解，同时，你会理解别人吗？

4. 机器的言说和人类的言说有没有差别？有些东西为什么是不可说的，但是人却又要坚持去说呢？

阅读材料

道可道，非常道。名可名，非常名。无名天地之始。有名万物之母。故常无欲以观其妙。常有欲以观其徼。此两者同出而异名，同谓之玄。玄之又玄，众妙之门。①

南郭子綦隐机而坐，仰天而嘘，荅焉似丧其耦。颜成子游立侍乎前，曰："何居乎？形固可使如槁木，而心固可使如死灰乎？今之隐机者，非昔之隐机者也。"子綦曰："偃，不亦善乎？而问之也。今者吾丧我，汝知之乎？女闻人籁而未闻地籁，女闻地籁而未闻天籁夫。"子游曰："敢问其方？"子綦曰："夫大块噫气，其名为风。是唯无作，作则万窍怒号。而独不闻之翏翏乎？山林之畏佳，大木百围之窍穴，似鼻，似口，似耳，似木开，似圈，似臼，似洼者，似污者，激者，謞者，叱者，吸者，叫者，譹者，窈者，咬者。前者唱于而随者唱喁。泠风则小和，飘风则大和，厉风济则众窍为虚。而独不见之调调，之刁刁乎？"子游曰："地籁则众窍是已，人籁则比竹是已。敢问天籁？"子綦曰："夫吹万不同，而使其自已也，咸其自取，怒者其谁邪！②

这道虽然万古长存，可是人们在听到它之前，以及刚刚听到它的时候，却对它理解不了。一切都遵循着这

①《老子》第一章。

②《庄子·齐物论》。

个道，然而人们试图象我告诉他们的那样，对某些言语和行为按本性一一加以分析，说出它们与道的关系时，却立刻显得毫无经验。另外还有些人则完全不知道自己醒时所做的事情，就像忘了梦中所做的事情一样。①

语言说。语言之说令区分到来。区分使世界和物归隐于它们的亲密性之纯一性中。

语言说。

人说，是因为人应合于语言。应合乃是听。人听，因为人归属于寂静之音。

问题根本不在于提出一个新的语言观。重要的是学会在语言之说中栖居。为此需要一种持久的考验，看看我们是否和在何种程度上能够作本真的应合——这就是在克制中抢先。因为：

人只是由于他应和合于语言才说。

语言说。

语言之说在所说中为我们而说。②

人类生存在这个世界上，不是孤独的一个事件，也不是单个人所能做到的，其中最为核心的就是人与人的交往和对话。从交往行为本质上看，语言的沟通是根本性的，而语言沟通的实质是人与人之间的信息交换和交流，乃至于相互补充。从神话中的信

①[古希腊]《赫拉克利特著作残篇》，《西方哲学原著选读》，北京大学哲学系外国哲学史教研室编译，北京：商务印书馆1987年版，第22页。

②[德]海德格尔：《语言》，《海德格尔选集》下册，孙周兴选编，上海：三联书店1996年版，第1003～1004页。

使，到宗教中的先知，直至日常生活中的算命者，都是人生言说的种种样态。从时空边界的角度看，自然、生命物、人类的道说是依照不同时空层次展开的，最为终极的言说是超名言的不可说之说。

一、自然的道说

自然是天然的信息场所，自然的信息通过万物逐一的显露出来。自然的道说是自然的本性，因为自然语言的长期孕育，最终产生了自然当中的精神物的存在。我们可以从天地之大音的角度来理解自然的道说，这包括天籁与地籁。天籁和地籁都是宇宙自然之籁，日月星光、风雨雷霆、山崩海啸、行云流水……这是自然的道说。因为有了自然的道说，自然才显示出其千变万化的样态，才改变了这个孤寂的世界。从自然的道说中走出来，生命物开始显现，生命的道说劈空而来。

老子，生卒年不详，据《史记》记载姓李名耳，字聃，楚国苦县（今安徽涡阳，一说河南鹿邑）人，伟大的哲学家和思想家，道家学派创始人。老子曾做过周朝守藏室之史。一说老子即太史儋或老莱子。著作有《道德经》。《道德经》提出了以“道”为核心的哲学思想体系。《道德经》一书的国外版本有一千多种，是被翻译成其他语言最多的中国书籍。

二、生命物的道说

生命从自然中诞生，注定着一切生命都要道说出自己的所在。原始的生命形态到现存或者将存的生命，都会以自己特定的方式来表达自己，因为生命本身就是一种道说。现实微生物的世界以瞬间的生灭方式昭示着特定的生存方式，植物世界的花香是对植物生命的显发，动物世界的鸟语兽鸣是对动物活动的言说。这些自然万物的言说不断地激发着人类去模仿、效法，创造出各种各样的说的意象。

敕勒歌

敕勒川，阴山下。

天似穹庐，笼盖四野。

天苍苍，野茫茫，风吹草低见牛羊。

（一）原始生命的言说

原始生命的形态多种多样，有现存在于自然的，有被自然淘汰的。这些原始的生命无论是以何种方式存在，都预示着生命的开端是极其艰难而富有创造性的。现存的那些原始生命昭示着生命之初的光彩，如微生物与人的生命同在，在与人同在的生物圈中扮演着无可替代的角色。那些存留于自然中的以化石形态存在的原始生命同样也显示出其生命的艳丽和执着，如恐龙的时代虽然已经过去，但是这类生命的意义不仅仅在于其生存时代所创造出的辉煌，还在于它们为自然生命的进一步勃发提供了基础。在宇宙时空的意义上，恐龙也可能是一种智慧的生命，因为其智慧的先期存在，最后才孕育出了人类这个精灵。

（二）植物的言说

植物的世界因为其绚丽多彩而引发人类生存的无限的欲望，植物虽然不会主动发出声音，但是植物以其多彩的树叶、迷人的花香、供养动物和人类的丰富的果实，装饰着自然的各个角落，为人的生存奠定了最为坚实的基础。植物以其无言道说着生命的秘密，植物之多彩、多味、多形为人的美的在世方式构筑起一道道风景线。

（三）动物的言说

生物演化到动物的层次，生命的主动道说得以可能。动物奔跑着、嘶叫着、飞翔着、潜游着……动物创造出一个立体的言说的自然界。动物生存于自然中，编织了一条无限循环的生命链条，人处在这个链条的某个部位。从宇宙时空的角度说，人绝不是这个生命链条的主宰者，而是这个链条的一部分。认清人类在生命物中的位置，是人类道说的前提。自然界中动物的言行举动都是富有意义的，是与人的生命过程息息相关的。不能忽视动物的言说，就像不能忘记植物的花香，自然的一切道说都是人类道说的前提。

一声深沉的、骄傲的嗥叫，从一个山崖回响到另一个山崖，荡漾在山谷中，渐渐地消失在漆黑的夜色里。这是一种不驯服的、对抗性的悲哀，和对世界一切苦难的蔑视情感的迸发。……然而，在这些明显的、直接的希望和恐惧之后，还隐藏着更加深刻的涵义。这个涵义只有这座山自己才知道。只有这座山长久地存在着，从而能够客观地去听取一只狼的嗥叫。①

三、人类的道说

人是这个世界上最会道说的存在，人从远古走来，摇摆着舞姿，一路唱着、说着走到了今天。人类不仅与山川大地对着言说，也与日月星辰遥望着诉说，更与自己的族类争辩地、战斗地、和谈地、交往地……进行着随时随地的对话。因为人生的道说，生命遗传、文化发展、生活变迁、人类融合得以实现，人类的语言造就了人类生存的家园。

（一）身体的道说

说出来的语言不是唯一的道说方式，人类最先使用的是身体的道说。自然孕育创造出来的人类的身体是一个天然的道说器具。人的脸面、四肢乃至整个的身体和背影都是道说生活秘密的工具，喜怒哀乐通过身体的道说完全的显露出来。有些民族至今没有自己的文字语言，他们的身体语言包含着本民族发展的历史。人的身体的道说在文化表现方式上最为集中的体现就是表演戏剧。在人生的舞台上，演出的戏剧，无论是悲剧的还是喜剧的，甚至是

① [美]奥尔多·利奥波德:《沙乡年鉴》，侯文蕙译，长春：吉林人民出版社1997年版，第121～122页。

其他的无言的哑剧，都是对人生在世方式的绝佳表演。人生不能没有戏剧，戏剧无法离开人生，人生因为富有戏剧化而精彩，戏剧因人生之绚丽而灿烂。戏里戏外的人生是人类身体道说的最高形式，因为这个宇宙就是一个无形的穿透时空的舞台。

（二）语言的道说

人类之发明语言不是故意的，乃是自然的，是人类自我历史发展过程中创造的必然产物，也是人类在生存时空无法舍弃的精神家园。独体的人难以进行创造，只有进入到群体生活当中，人类才开始文明的生活。无论是日常的语言交流，还是歌唱生命的创造、自然的奇迹，都是人存在的自我彰显。我们学着说话、唱歌、吟咏，我们面对着自然万物，想方设法用各种语言和它们进行交流，这是人生的成长之路。语言道说的秘密不是敞开眼前的事实，而是通过语言承载某时某地人们所无法承载的一切，并将之无穷的传递下去。我们在语言的河流中流淌自己的生命之歌，在语言的道说中寻找生命的家园。

人类语言的多样性反映了人类生存样态的差异，是人类在世复杂性、丰富性的表现。语言的差异不是人类交融的障碍，就像宗教的差异无法阻止人类走向通融的一天，人类语言的多样性是保持人类生存样式多样化的基础。这是人类在历史时空中的精神创造物。

> 把“古老的语言”从它可能隐藏的无人知晓的地方挖掘出来，不再是语言的任务；语言的任务应是制造语言，并且是出色地去制造——这就是说，作为分析和结

合的工具，语言真的成了计算语言。①

米歇尔·福柯（Michel Foucault，1926～1984），法国哲学家、思想家，出生于法国普瓦捷的一个乡村家庭，1946年进入巴黎高等师范学校学习，1950年毕业，1970年任法兰西学院教授。福柯一生在文学评论、哲学、历史学、科学史、批评教育学和知识社会学方面均有建树，影响巨大。福柯是一个后现代主义代表人物，主要代表作有《疯癫与文明》《词与物》《知识考古学》等。

（三）文字符号

身体的语言以舞蹈、演戏，以及其他艺术表现的方式流传下来，语言的道说则形成丰富的文字符号体系，进入人类的知识文化系统，承继人类的生命创造过程。其中人类对语言的认识是独特的。

人类对语言的认识和把握是从三个方面入手的，即语法学、语义学和语用学。语法学关注的是语言使用的规则，语言是通过什么样的结构来达到对意义的表达，语言的使用规则决定着语言表达的方式；语义学则是为了揭示语言表达的意义，对词语和语句的研究，主要涉及真理和指称的关系问题，语言的意义是否一定与语词本身直接相关；语用学是对说话者用语言所做事情的分析，说出来的话可能还会包含语言之外的含义，因为相同的语言

①［法］米歇尔·福柯：《词与物》，莫伟民译，上海：三联书店2001年版，第84页。

在不同的语境有不同的运用。

现代哲学解释学对语言以及人类理解本质的认识是人类对自身生存时空境遇的探知，是人的自我理解的深化。古代哲学寻求言、意、象的统一，与现代哲学解释学的指向是一致的。

> 夫象者，出意者也。言者，明象者也。尽意莫若象，尽象莫若言。言生于象，故可寻言以观象；象生于意，故可寻象以观意。意以象尽，象以言著。故言者所以明象，得象而忘言；象者所以存意，得意而忘象。……忘象者，乃得意者也；忘言者，乃得象者也；得意在忘象，得象在忘言。故立象以尽意，而象可忘也。[①]

语言的道说是想揭示万物存在的最终秘密，所以人类一切的语言之作，舞蹈、戏剧、绘画、雕刻、书法、摄影、文学作品、盲文、书写的产物、机器语言（计算机语言）等等，无论是身体语言，还是文字语言，甚至机器语言都是对一个最终之物的探寻，是对言说之指向的逻各斯的追问。英语logic逻辑来自希腊语的loges逻各斯，意思是word，言、道，包括口头语言，“言说”speech，书写语言，“书”book，以及思想语言，“理性”reason。逻各斯有时也指神话中隐含的意义，在这个意义上，某物的逻各斯就是指最终目的或根本性质。《圣经》中的《约翰福音》开篇宣称：“太初有道，道与上帝同在，道就是上帝。”人类语言的道说就是无可言说的一切。

① 王弼著:《周易略例·明象》。

"白马非马"，可乎？

曰：可。

曰：何哉？

曰：马者所以命形也；白者所以命色也。命色者非命形也。故曰："白马非马"。

曰：有白马不可谓无马也。不可谓无马者，非马也。有白马，为有白马之非马，何也？

曰：求马，黄黑马皆可致；求白马，黄黑马不可致。使白马乃马也，是所求一也。所求一者，白者不异马也。所求不异，如黄黑马有可有不可，何也？可与不可，其相非明。故黄黑马一也，而可以应有马，而不可以应有白马，是白马之非马，审矣！

曰：以马之有色为非马，天下非有无色之马也。天下无马，可乎？

曰：马固有色，故有白马。使马无色，如有马而已耳，安取白马？故白者非马也。白马者，马与白也。黑与白马也？故曰："白马非马也。"

曰：马未与白为马，白未与马为白。合马与白，复名白马。是相与以不相与为名，未可。故曰："白马非马未可。"

曰：以有白马为有马，谓有白马为有黄马，可乎？

曰：未可。

曰：以有马为异有黄马，是异黄马于马也；异黄马于马，是以黄马为非马。以黄马为非马，而以白马为有马——此飞者入池而棺椁异处——此天下之悖言辞也。

曰：有白马不可谓无马者，离白之谓也。是离者，有白马不可谓有马也。故所以为有马者，独以马为有马耳，非以白马为有马。故其为有马也，不可以谓“马马”也。

曰：白者不定所白，忘之而可也。白马者，言白定所白也，定所白者，非白也。马者，无去取于色，故黄黑皆所以应；白马者，有去取于色，黄黑马皆所以色去，故唯白马独可以应耳。无去者非有去也，故曰：“白马非马”。[1]

名实之辩： 名指名称、概念、名词、名言等；实指事实、实在、实物、实际等。名实关系问题是名言概念是否与实际事物之间达成一致的哲学问题，主要是语言哲学研究的问题。孔子提出“名不正则言不顺，言不顺则事不成。”（《论语·子路》）名分和规范是行为的标准，要以名正实。墨子主张取实予名，只有根据事物的实际情况，才能真正认识事物，非以其名也，以其取也。（《墨子·贵义》）《老子》云：“道可道，非常道；名可名，非常名。”可道、可名不是对常道和常名的真正把握，对于超名言之域的存在物是无法用名言来说明的。名家代表公孙龙著《名实论》，强调名实相当，夫名，实谓也，彼彼止于彼，此

①《公孙龙子·白马论》。

此止于此，审其名实，慎其所谓。荀子主张“制名以指实”，“名无固实，约之以命实，约定俗成谓之实名。”（《荀子·正名》）董仲舒也坚持名实必须统一，“名生于真，非其真弗以为名。”（《深察名号》）名家、法家讨论的形名、刑名关系与名实关系相当。

魏晋“三理”之一的言意之辩也属于名实之辩的范围，主要有言尽意与言不尽意的论争。欧阳建著《言尽意论》，“以理得于心，非言不畅，物定于彼，非名不辩。言不畅志，则无以相接，名不辩物，则鉴识不显。……名逐物而迁，言因理而变，此犹声发响应，形存影附，不得相与为二。苟其不二，则言无不尽矣。”就是说，名言、概念是用来区分事物的，随着事物的变化而改变，语言用来表达思想，二者之间相互影响，彼此为用。言不尽意出自《易·系辞上》：“书不尽言，言不尽意。”认为语言、文字不能够穷尽思想的表达，甚至于思想无需名言的中介，二者之间没有必然的联系。如王弼提出“得意在忘象，得象在忘言。”（《周易略利·明象》）王夫之提出“境之俟用者曰‘所’，用之加乎境而有功者曰‘能’”，“‘所’著于人伦物理之中，‘能’取诸耳目心思之用。”（《尚书引义》）这种观点将能指与所指相统一，强调二者之间的联系。

西方哲学对名称与实在的关系也进行了大量深入的探讨。唯名论的观点认为名称作为共相是对各个殊相所共有的特征的把握，共相只是名称，不是独自的存在物。唯名论遵循奥卡姆剃刀原则，避免假定不必要的实体的存在。唯实论则相反，这种理论认为共相是实在的实体，是被用来说明普遍词如何应用于不同的殊相。对共相和殊相的区分涉及到对实在的理解。柏拉图的实在论就主张共相存在于自身的领域之中，它们比可感对象更为真实，但是又很难在日常生活经验中得到充分的展现。亚里士多德则认为共相没有自己分离的存在，而是呈现于万物的结构当中。

从共相与殊相角度讨论实在离不开对名称或指称问题的研究。传统的观点想揭示指称或名称能否超越自身指向它们的所指物，这是对指称与所指物之间关系的探讨。弗雷格区分了意义与指称，由此开始了现代哲学对指称的考察。弗雷格认为，具有相同指称或相同外延的两个词可能在意义或内涵上是不同的，意义和指称的关系是由表达式的指称意义决定的。罗素不同意对意义与指称加以区分，他区分了指向当下经验对象的逻辑专名与限定的摹状词。限定的摹状词是一些量化的表达式，即使没有指向任何东西，也可以得到理解。克里普克则把名称看作严格的指示词，它在个体存在的每种可能世界中都用于确定名称与其所指的关系。

名教与自然之辩：名实关系是从人类把握、认识对象的角度引发的问题，是人类认识的基础。与之相应，名教与自然关系揭示的是在社会发展的过程中，各种规范体系对人的自然生活的制约和影响，即名节教化作为人的行为标准是否与人的自然本性相谐调。在魏晋时期，名教与自然关系问题的论争达到了高潮。王弼认为名教出于自然，嵇康提出“越名教而任自然”，郭象主张名教即自然。近代的谭嗣同则对封建的纲常名教进行了激烈的批判，提出要冲决名教的罗网，打通一切障碍，建立平等、自由的社会。

如果说名实关系是哲学认识论的基础，是对名言世界与非名言世界的反思，名教与自然关系则涉及到社会政治、文化生活的多重层面，是对人的具体在世方式的探寻。两者皆是哲学领域中永恒的问题。

（四）心灵的道说

所有身体和言语以及言语的变种的道说，都是有形有象的，都是牵扯于各种形象的道说。真正对世界的契悟是无言、无象、无形、无意的，这是心灵的道说。在人世间的亲情、友情、爱情之间，可以萌发心灵的相契，在至高的神灵和虔诚的信徒之间，也会产生自然的交通，这是存在于生存时空的人生际遇，是可遇不可求的。心灵的道说虽然无形无象，但最终依靠的也是宇宙的能量，至于这种能量表现在哪里，尽管科学还没有揭示出来，但是其存在却是无需怀疑的。从宇宙时空的角度来说，有天人、万物之间的相遥相应，从历史时空的角度看，有千古之间的心灵遥望，今人与古人为友的状态。

古之学者为己，所以自昭其明德。己之德已明，然后推其明以及天下。鼓钟于宫，声闻于外，鹤鸣于九皋，声闻于天，在我者既尽，亦自不能掩。今之学者，只用心于枝叶，不求实处。孟子云："尽其心者知其性，知其性则知天矣。"心只是一个心，某之心，吾友之心，上而千百载圣贤之心，下而千百载复有一圣贤，其心亦只如此。心之体甚大，若能尽我之心，便于天同。为学只是理会此"诚者自成也，而道自道也"，何尝腾口说？[①]

涉江赋（节录）

（明）徐渭

无形为虚，至微为尘，尘有邻虚，尘虚相邻。

天地视人，如人视蚁，蚁视微尘，如蚁与人。

尘与邻虚，亦人蚁形，小以及小，互为等伦。

则所称蚁，又为甚大，小大如斯，胡有定界？

物体纷立，伯仲无怪，目观空华，起灭天外。

爰有一物，无挂无碍，在小匪细，在大匪泥。

来不知始，往不知驰，得之者成，失之者败。

得亦无携，失亦不脱，在方寸间，周天地所。

勿谓觉灵，是为真我，觉有变迁，其体安处？

体无不含，觉亦从外，觉固不离，觉亦不即。

四、超名言的道说

道说是天人、万物、人我之间的交通方式，一切万物的道说，一切种类的道说，都根源于不可说之道说，也是超名言的道说。

善知识！我此法门，从上以来，顿渐皆立无念为宗，无相为体，无住为本。何名无相？无相者，于相而离相。无念者，于念而不念。无住者，为人本性，念念不住，前念、今念、后念，念念相续，无有断绝；若一念断绝，法身即离色身。念念时中，于一切法上无住，一念若住，念念即住，名系傅。于一切上，念念不住，即无缚也。此是以无住为本。善知识！但离一切相，是无相；但能离相，性体清净。此是以无相为体。于一切境上不染，名为无念；于自念上离境，不于法上生念。若百物不思，念尽除却，一念断即死，别处受生。学道者用心，莫不思法意。自错犹可，更劝他人迷，不见自迷，又谤经法，是以立无念为宗。即缘迷人于境上有念，念上便起邪见，一切尘劳妄念，从此而生。故此教门，立无念为宗。世人离见，不起于念，若无有念，无念亦不立。无者无何事？念者念何物？无者，离二相诸尘劳；真如是念之体，念是真如之用。自性起念，虽即见闻觉知，不染万境，而常自在。①

（一）对神灵世界的道说

是否存在神灵的世界，是否有来生来世，是否有神仙生存的所在，是否有灵魂存在的场所，是否有超越现世的生存时空，这些都是超名言的道说，不能够用逻辑的、语言的道说对此加以描述。

①《坛经·定慧品》。

（二）对未知世界的道说

人类总是渴望有个未来的未知世界存在着，希望人生在世有过去世、现在世、未来世。人们总是渴求能够预知未来的生活，对先知先觉者顶礼膜拜。这是人心和人性的自然要求，无须加上任何神秘的色彩。

从哲学探讨的角度说，如何描述可能世界属于超名言的道说。可能世界是现实世界的形而上学基础，没有对可能世界的企望和分析，人类精神的道说将失去对象。地狱、天堂是现实中的可能世界，外星人的世界则是可能的现实世界。佛所追求的三千大千世界，恒河沙数世界，都是对无限可能世界的最佳表述。人类因为在道说的途程中，创造了无数的可能世界，人类的道说才进入永恒的宇宙时空。

> 6.53.真正说来哲学的正确方法如此：除了能说的东西以外，不说什么事情，也就是除了自然科学的命题，即与哲学没有关系的东西之外，不说什么事情；于是当某人想说某种形而上学的东西时，总是向他指明，在他的命题中他并没有赋于某些记号以意义。这个方法对于别人是不能满意的，——他不会有我们在教他哲学这种感情，——但是这是唯一严格正确的方法。
>
> 6.54.我的命题可以这样来说明：理解我的人当他通过这些命题——根据这些命题——越过这些命题（他可以说是在爬上梯子之后把梯子抛掉了）时，终于会知道是没有意思的。

他必须排除这些命题，那时他才能正确地看世界。

7.一个人对于不能谈的事情就应当沉默。[①]

路德维希·维特根斯坦（Ludwig Wittgenstein，1889～1951），出生于奥地利，后入英国籍。哲学家、数理逻辑学家，语言哲学的奠基人，20世纪最有影响的哲学家之一。在剑桥大学学习期间受教于罗素和摩尔，第一次世界大战期间曾入伍参战，后又参加维也纳小组的活动。代表作有《逻辑哲学论》《哲学研究》等。

※ 小 结 ※

宇宙是一个言说的存在。万物时刻不停地诉说着自然的千变万化，生物的无数种类来到这个世界，又离开这个世界，在纷纷扰扰中，万物的道说构筑了一个丰富多彩的有声有色的世界。人类因为其心灵的高度智慧，在自然中创造出各种有形有象的道说方式。同时，人因为其存在形而上学的根据，人类又用各种超名言的方式道说生命的精彩过程。对神灵世界、可能世界的追索凸显出人类自我升华的生存力量。

参考阅读书目

赖永海主编：《坛经》，尚荣译注，北京：中华书局2010年版。

戴震：《孟子字义疏证》，北京：中华书局2018年版。

① [奥]维特根斯坦：《逻辑哲学论》，郭英译，北京：商务印书馆1992年版，第99页。

[奥]维特根斯坦:《逻辑哲学论》,郭英译,北京:商务印书馆1992年版。

杨国荣:《存在的澄明》,沈阳:辽宁人民出版社1998年版。

习作选

说

每个人都在不停地说着,哪怕有一天不说,我们都会感觉难受,日光难挨。

我在说着,你在说着,他在说着;我们、你们、他们都在说着;我们不仅用声音在说,还用身体、图画、文字、雕塑……在说;我们不仅用肉体在说,还用灵魂在说;我们在和他人一起说,还独自的自言自语;除了那些原始的说的方式,我们还发明了扬声器,大声地说,发明了广播电视,从很远很远的地方就开始说,我们还发明了手机,无时无地的说着;以后还会有新的说的东西和方式不断出现……

人在说,鸟兽虫鱼也在说着,花草树木也在说着。我们似乎找不到不说的东西。大地和天空不说吗?没有,它们也说,君不见电闪雷鸣吗?君不见海啸山崩吗?那是天地的言说。

宇宙中的一切都太想说了,太爱说了!这一切为什么不停地说呢?难道说是这个世界的本体吗?因为一切都在说着，一切又争着在说。我们不能停下来不说吗？万物不能停下来不说吗？也许当一切都不说的时候，这个世界会发生根本的变化，会变得出乎预料的真、善和美。也许学会不说，学会不去争着说，才是万物的本性，才是我们人的本性。

学会不说，学会不去争着说，可能才是真正的智慧之路。懂得不说的道理，懂得不争着说的道理，万物方能安静如初。

道说与言说

文锋

说话的分量究竟有多重？实在微不足道。而且常常“云山雾罩”“口是心非”“话里有话”。

她说她今天身体不舒服。她生病了吗？还是只是心里有点不高兴有点别扭？还是今天只想一个人呆着？还是压根儿就讨厌见到你？还是存心想气你？

她在说吗？她说了什么？她想说什么？为什么？

她说她见到我很高兴，然而却一脸木然，左右旁顾，词不达意，心神不宁；她说她想对我说，却又说她说不出口，要我回去等她的信，或短信，或邮件，或明信片，或等来等去干脆什么也没有；她发表了一部小说，她说，不为什么就为了写，或者就为了让父母高兴，或者就为了告诉我她能写，或者就为了让我了解她，或者就为了让更多的人知道她，或者就为了了解她自己……，或者全都不是——鬼知道为什么！

言说是事物的表象——内在意志的外在表达。也许因为你，因为我，或因为他；也许因为人，也许因为物——动物、植物、微生物、大自然、宇宙星球，当然还有人造物，还有人造物的累累尸体；也许因为所有这一切。

但这些都不重要。重要的是：它必须说！而且，它绝不会无缘无故地说！

否则，这个世界如何普遍联系呢？

言说，可以通过身体和思维来感觉、感受和感知——通过看，通过听，通过嗅，通过尝，通过摸；通过身临其境，通过道听途说。最好，一起来，都用上。干嘛“百闻不如一见”，既要见，也要闻。幻觉是什么？梦境是什么？想象是什么？也许与此有关。

认识的偏差，往往在于不能“全息地（holographically）”“有记忆地（with memory）”——也就是在整体时空上——把握言说。是的，我们不能，也不可能。

一座光秃秃的山，在说什么？一条干巴巴的河，在说什么？湖水中一望无际的红藻、混浊的颜色、漂浮的死鱼、难闻的气味，在说什么？放眼望去，厚厚浓重的阴霾之下，高楼林立，马达喧嚣，纵横高架桥下拥挤的街道上，匆忙、疲惫的人群，又在说什么？

江河湖海，花鸟鱼虫，乡村都市，日月星辰，统统在一起，它们共同在说什么？

一个世纪前它们在说什么？十年前在说什么？当下

在说什么？将来，它们还将说什么？

它们对我们说什么？对我们的子孙又将说什么？

言说是一种表达。它为谁而表达？它表达什么？惟有道说。

道说，或许惟有智慧的心灵才能感知。它一直在那里，却遥不可及。它一直在说，却“不可说”，“一说就错”。

有人画了一个圈，说：圈内可说，圈外不可说；可说的就一定能说清楚，不可说的就一定不要说。这个圈就只能是没有意识、没有灵魂、没心没肺的人造物——电脑和机器人的世界，说，用DOS、Windows、Linux说，用BASIC、FORTRAN、COBOL、PASCAL、CADA说，用屏幕、键盘、鼠标、打印机、传真机、复印机、扫描仪说，用iPod、iPhone、GSM、CDMA、GPS、Internet/Intranet/Extranet、LAN/WAN/ MAN说。

我越说越离谱了吗？还是别的什么人？

困了，就该睡；渴了，就该喝；饿了，就该吃。水加热到了100℃，就沸腾了。生鸡蛋掉在地上，就摔碎了。久旱无雨，庄稼就要倒霉了。成年累月日理万机，就要亚健康了。

一个人安静地呆着，习惯了，就能听见自己对自己说——肉体的诉说，心灵的言说，那里有一条或许能够接近道说的羊肠小道；唯一的。

一道阳光照进来，好像在说：

那是一种不可抗拒的意志；那是一切个体的“权力意志”（the Will to Power）的整体的、永恒的运动与和谐！

思考题

1. 自然界的鸟语花香对于人生存的意义何在？
2. 我们能够通过语言进行充分的交流吗？
3. 逻辑言说和机器言说的价值是什么？
4. 不可说的世界与人生在世的关系是什么？

第十讲　人心与人性论
——心灵哲学论

问题导入

1. 自然的、童真的人心是敞亮而透明的，社会的、成熟的人心为何变得包裹着各种各样的不测？本然的人性是善的还是恶的？我们为什么要判断人性的善恶？

2. 什么样的状态是人心的本然状态？人性应当葆有什么样的状态？你觉得自己本来的心灵状态是什么？

3. 人心和人性有什么样的关系？人心会发生何种变化，变化的方向是什么？在自然中，人心会如何变现，有人心的最自然状态吗？人心仅仅是一种活动的方式吗？人性起作用的方式是什么？

4. 人的心灵认识能力就是人的智力吗，如果不是，还会有哪些功能？你相信有灵商存在吗？那是一种什么样的认识能力？

阅读材料

告子曰："性，犹杞柳也，义，犹桮棬也；以人性为仁义，犹以杞柳为桮棬。"孟子曰："子能顺杞柳之性而以为桮棬乎？将戕贼杞柳而后以桮棬也？如将戕贼杞柳而以为桮棬，则亦将戕贼人以为仁义与？率天下之人而祸仁义者，必子之言夫！"

告子曰："性犹湍水也，决诸东方则东流，决诸西方则西流。人性之无分于善不善也，犹水之无分于东西也。"孟子曰："水信无分于东西，无分于上下乎？人性之善也，犹水之就下也。人无有不善，水无有不下。今夫水，搏而跃之，可使过颡；激而行之，可使在山。是岂水之性哉？其势则然也。人之可使为不善，其性亦犹是也。"

告子曰："生之谓性。"孟子曰："生之谓性也，犹白之谓白与？"曰："然。""白羽之白也，犹白雪之白，白雪之白犹白玉之白欤？"曰："然。""然则犬之性犹牛之性，牛之性犹人之性与？"

告子曰："食色，性也。仁，内也，非外也；义，外也，非内也。"孟子曰："何以谓仁内义外也？"曰："彼长而我长之，非有长于我也；犹彼白而我白之，从其白于外也，故谓之外也。"曰："异于白马之白也，无以异于白人之白也；不识长马之长也，无以异于长人之长欤？且谓长者义乎？长之者义乎？"曰："吾弟则爱之，秦人之弟则不爱也，是以我为悦者也，故谓之内。长楚人之长，亦长吾之长，是以长为悦者也，故谓之外也。"曰：

“耆秦人之炙，无以异于耆吾炙，夫物则亦有然者也，然则耆炙亦有外与?”①

圣人之性，不可以名性；斗筲之性，又不可以名性。名性者，中民之性。中民之性，如茧如卵。卵待孵二十日而后能为雏，茧待缫以涫汤而后能为丝，性待渐于教训而后能为善。②

可以设想这种倾向（指人性趋恶，引者注）有三个不同的层次。第一，人心在遵循已被接受的准则方面的软弱无力，或者说人的本性的脆弱；第二，把非道德的动机与道德的动机混为一谈的倾向（即使这可能是以善的意图并在善的准则之下发生的），即不纯正；第三，接受恶的准则的倾向，即人的本性或者人心的恶劣。③

良心呀！良心！你是圣洁的本能，永不消逝的天国的声音。是你在妥妥当当地引导一个虽然是蒙昧无知然而是聪明和自由的人，是你在不差不错地判断善恶，使人形同上帝！是你使人的天性善良和行为合乎道德。没有你，我就感觉不到我身上有优于禽兽的地方；没有你，我就只能按我没有条理的见解和没有准绳的理智可悲地做了一桩错事又做一桩错事。④

①《孟子·告子上》。

②《春秋繁露·实性》。

③［德］康德:《纯然理性限度内的宗教》,《康德著作全集》第6卷,李秋零主编,北京:中国人民大学出版社2007年版,第28页。

④［法］卢梭:《爱弥儿》下卷,李平沤译,北京:商务印书馆1983年版,第417页。

人生在世是一个过程，是一种历史与现实交织的不已过程。人的生命通过人性的外展，人心的显露，逐渐地走出各种时空的界限。从个体的时空算起，人性和人心是个体生命的核心所在；而当历史的时空转换，人性和人心就成为了文化之河的流水，激荡不止；人性和人心显变的最后，展示的是宇宙的光彩和绚烂，这就是宇宙的时空图景。

一、人性与生命存在

从普通语言的角度来说，人性是直接与人的生命存在相关的。对于人性究竟是什么的问题是难以回答的，这是对人的存在之谜的终极之解。根据人的生命展开程度，大体上可以从三个方面来探寻人性的奥秘。

（一）生命之始的人性

人性的根源是与个体人以及作为人类的人之形成密切相关的。人类生命之形成历尽了自然万物的千变万化,最终得以造就,这是人性区别于物性的所在;个体生命的形成则是在人类生命的洪流中既是偶发的也是必然的一种事件,是每个人之个体人性形成的前提,是自我生命与他人生命相区分相关照的开始。

> 夫道，有情有信，无为无形，可传而不可受，可得而不可见，自本自根。未有天地，自古以固存。神鬼神帝，生天生地。在太极之先而不为高，在六极之下而不为深，先天地生而不为久，长于上古而不为老。狶韦氏

> 得之，以挈天地；伏羲氏得之，以袭气母；维斗得之，终古不忒；日月得之，终古不息；堪坏得之，以袭昆仑；冯夷得之，以游大川；肩吾得之，以处大山；黄帝得之，以登云天；颛顼得之，以处玄宫；禺强得之，立乎北极；西王母得之，坐乎少广，莫知其始，莫知其终；彭祖得之，上及有虞，下及五伯；傅说得之，以相武丁，奄有天下，乘东维，骑箕尾，而比于列星。①

人类早期的文化创造，也即所谓轴心期的文明发展莫不是人性初始阶段的表现。随着人类的演化，历史总是要回过头去，寻找初期的荣光。个体的历史也是如此，成人之后，每个人也总是难免要回到过去的岁月中，寻找曾经的足迹，判断来日的行程。这是人性之初的魅力所在。

（二）生命之成的人性

无论是整体的人类还是个体的人，走上了生命创造的道路就无路可回，只有朝着一个方向迈进。至于这个方向是否值得人去追求，不是人能够左右的。就个体的生命铺陈而言，人性是在自我成长的历程中得到锻炼，行的是至善之路；就人类整体的发展进程来说，人性是在文明的发展中渐趋完善，走的是至善、至真、至美之路。从古代的理想国、大同社会，到近代的乌托邦、共产主义，都是人类向往的美好时代，是人性得以丰满的指路之灯。人性的生成过程就是人类的自我成就之路，是人类智慧的生成之路。

---

①《庄子·大宗师》。

子曰："吾十有五而志于学，三十而立，四十而不惑，五十而知天命，六十而耳顺，七十而从心所欲，不逾矩。"[①]

除非哲学家成为我们这些国家的国王，或者我们目前称之为国王和统治者的那些人物，能严肃认真地追求智慧，使政治权力、与聪明才智合而为一；那些彼此得失，不能兼有的庸庸碌碌之徒，必须排除出去。……除了这个办法之外，其他的办法是不可能给个人给公众以幸福的。[②]

柏拉图(Plato，约前427～前347)，古希腊哲学家。柏拉图出身于雅典贵族，青年时师从苏格拉底。苏格拉底死后，他游历四方，曾到埃及、小亚细亚和意大利南部从事政治活动，企图实现他的政治理想。公元前387年回到雅典，创办了自己的学园，此后执教40年，直至逝世。柏拉图批判总结了在他之前的希腊的哲学和文化成果，建构了一个以理念论为核心的哲学体系，其代表作有《理想国》《法律篇》等。现代哲学家怀特海认为2000多年的西方哲学就是对柏拉图的注释。

①《论语·为政》。

②［古希腊］柏拉图：《理想国》，郭斌和、张竹明译，北京：商务印书馆1983年版，第214～215页。

在人类发展历史上出现过的伟大人物的言行事迹是人类人性的闪光，这些光逐渐汇集，照亮了生命的道路。穿行在这些光照下的路上，人性的光辉激励着途中的过客不断向前。

（三）生命之终的人性

个体的人写就的是一段生命的历史，但是任何个体都是人类生命河流的一滴水。个体生命的消失不是终结，而是进入到人性承继的大化洪流之中。生命的死亡不是人性的凋零和失落，无论这个生命是创造过还是毁灭过，都给人性涂抹上了一层光彩。厚黑的光彩可以惊醒世人，荣耀的光彩可以激励世人，人性就是在这样的双重作用之下走向完善之路。历史没有中断，生命没有终点。成就人性就是成就我们人类自己。

> 子曰："易其至矣乎！"夫易，圣人所以崇德而广业也。知崇礼卑，崇效天，卑法地，天地设位，而易行乎其中矣。成性存存，道义之门。[1]

二、人性教化与人性展现

人性与生命相始终，有其本体论的存在基础。但是人性的展现是既成、性成与善成的过程。既成就是人类文化创造的结果，是人性之始；性成是人性日生日成，是教化之成，是人性之自我养成；善成是人性的圆成，是人性完满之实现。人性之教与人性

---

①《易经·系辞上传》。

之养，人性之化与人性之成，互激互生，生命因而圆满。

> 大学之道，在明明德，在亲民，在止於至善。知止而后有定，定而后能静，静而后能安，安而后能虑，虑而后能得。物有本末，事有终始，知所先后，则近道矣。古之欲明明德於天下者，先治其国；欲治其国者，先齐其家；欲齐其家者，先修其身；欲修其身者，先正其心；欲正其心者，先诚其意；欲诚其意者，先致其知；致知在格物。物格而后知至，知至而后意诚，意诚而后心正，心正而后身修，身修而后家齐，家齐而后国治，国治而后天下平。自天子以至于庶人壹是皆以修身为本。[①]

（一）教化之人性

教育是创造自由，教育的意义就是帮助我们认识、理解、获得自由。教育是教会每个人观察、探索、学习的能力，去寻求真理、创造爱、激发人的神圣性的内在力量。这些都是人性应有的力量，激活这些力量就是对人性的最好养成。教育不是安排我们去适应既成的社会，而是要求我们在自己的基础上去创造未来。教育就是让我们知道如何面对传统和未来，正确思考人类自己的位置，寻找人类发展的路途。教育不是简单的交给人们什么，而是交给人们如何去了解人类自身的真相，以及世界和宇宙的真相，从而获得一种适合人类生活的方式。

> 真正的教师与其学生的关系便是这种“我–你”关系的一种表现。为了帮助学生把自己最佳的潜能充分发挥

①《礼记·大学》。

> 出来，老师必须把他看作为具有潜在性与现实性的特定人格，更正确的说，他不可视他为一系列性质、追求和阻障的单纯聚合，而应把他的位格当作一个整体，由此来肯定他。这就要求老师要随时与学生处于二元关系中，把他视作伙伴而与之相遇。同时，为了让自己对学生的影响充溢整体意义，他不仅须从自己一方，且也须从对方的角度，根据对方一切因素来体会这种关系。①

教育的意义是要帮助你从孩提时代开始就不要去模仿任何人，永远都做你自己。不论你是丑或是美、羡慕别人或嫉妒别人，永远都要做你自己。发掘真正的自由，才是教育的意义。

教育是让每个人做你自己，认识人性的由来，循着人性最初的方式去生活，让人生在世变得属于自己，属于自己的创造。创造的过程就是掌握智慧，智慧不是知识。智慧不是停留于书本上的，即便你读遍了世上所有的书籍也不能带给你智慧。智慧是很微妙的东西，它没有停泊之处。智慧是与人的灵商相联系的。没有灵商的人就难以有智慧，智慧不是智商和情商的表现。智商可以让一个人认识很多的东西，情商可能让一个人去了解很多的人，但是智慧都不是这些，智慧需要对宇宙、世界、人事、物事有整体的洞察和明觉，智慧不停留于具体的事物当中。智慧是一种超越的东西，超越具体的人心和事物，智慧能够让人过一种彻底人的生活。

教育可以让人性的学习能力彻底活动起来，学习应当是人心

---

①［德］马丁·布伯：《我与你》，陈维刚译，台湾：久大文化股份有限公司 桂冠图书股份有限公司1991年版，第107页。

和人性的自然品质。学会学习是学习的真正目的，我们不应该成为学习的工具和奴隶，那样的学习是不快乐的。

> 教书是最高的、最神圣的一种召唤。但是老师必须完全地奉献，他必须把自己完全交出来，他必须用自己的心来教书，用他的整个人来教书，从这份奉献中，有许多事情才可能实现。①

教育人的工作是崇高的，是帮助人类摆脱心灵孤独的工作。现代社会的娱乐化特征，以及工业化的娱乐、新闻、竞技体育运动、休闲、赌博业等等的盛行越来越标志着人类心灵的空虚和苍白。不愿意、不能够独处，害怕寂寞，这都是一种人心自然状态的丧失。由此引发的独立思考的缺乏更使得现代社会充满了自我形象的膨胀和泛滥。人们为了自我的表现而表现，网络的传播帮助人们改变着孤独的状态。人心和人性最初的状态应该是能够独处，且善于独处，因为那是迈向合作的前提。没有独立能力的人也是不能够与他人合作的。教育也是为了让人们认识自己独立的心，从而走向合作之路。

> 倘若一个人没有学会照着一个人的样子去动作，即是，没在组成一个人的因素上受到训练，那是谁也不能相信他能真正成为一个人的。
>
> ……
>
> 我们由此可以知道，凡是生而为人的人都有受教育

① [印度]克里希那穆提:《人生中不可不想的事》,叶文可译,北京:群言出版社2004年版,第242页。

的必要，因为他们既然是人，他们就不应当变成野兽，不应当变成死的木头。并且由此可见，一个人愈是多受教导，他便愈能按着恰切的比例胜过别人。①

（二）存养之人性

人性需要教化，更需要存养。教化有时候是被动的等待，存养则是自我修炼、自我长养的过程。人性存养的方面很多，我们可以从人的生命活动展示的诸多现实层面来加以阐述。在这些事实生活的内容中，因为存养的方式和指向的不同，引起的结果也是相异的。

从人的生存的直接前提来看，人性存养的第一层是物质的，主要包括身体的安顿，财富、名声的获得，我们可以称之为事功层面。根据事功存养的差异，我们可以区分四个不同的层次：自我存养的层次，在财富和声名的追求上是不会知足的，所获得声名对应的也是实际所得的声名；我他并存养的层次，我的存养与他人存养相关系，对财富和声名的追求开始懂得知足，但是声名往往限于他人赋予的虚名；进入为社会存养的状态，这时追求财富的目的是为了布施社会，泽被他人，所得声名是社会给与的真名；为理想存养的层次，财富仅仅是人类生存的基础，不是追求的目的，在理想的声名中，无名、无己、无功是理想的标志。

人生在世的物质追求背后，就是企求精神的满足，其中幸福的获得是主要的，我们称之为存养的幸福层面。与事功的层次相

① [捷克]夸美纽斯：《大教学论》，傅任敢译，北京：人民教育出版社1979年版，第36~40页。

当，幸福的存养也有四个层面：本然的幸福，这是作为人的存在的幸福，是人生在世的根本；实然的幸福，伴随着事功的获得，人生追求的幸福总是以具体的事件体现出来，是幸福的实际状态；当把我的幸福与社会的幸福相提并论时，幸福就是自然的达致，这是自然的幸福；在理想的层面上，人类追求的幸福总有不能圆满的时候，这就是应然的幸福、理想的幸福。

物质和精神存养对于人性的造就是必不可少的，不过人性的存养还有境界的要求，这就是境界的存养。从人生在世的方式来看，结合时空的不同边界，我们可以区分境界存养的四个层面，即有己无意见、有己有知识有他者、无己有真理有社会、无己无社会有理想。有己无意见是境界未发的阶段，是人生的本然，基本属于人生在世吃喝二事的未反思的时期；有己有知识有他者是境界的萌发阶段，与事功和幸福的存养相关；无己有真理有社会的境界是一个提撕上进的存养阶段，是人性的升华时期；无己无社会有理想是人性存养的终极阶段，与事功的无、幸福的应然相当。

人性在物质、幸福、境界上的存养离不开言说出来的层面，这是人性存养的言诠，我们称之为名言的存养。与上述四个层面相关的名言的存养阶段分为：不必言、可以言、当言、不可言。不必言是一切事实的本然阶段，无需多言；可以言是人性存养的展现，可以从诸多方面和层次加以言说；当言则是人性的升华期，需要而且必须言，是当然言之；不可言是理想的存养时期，人性朝向一个开放的未来，永无止期。

所有这些存养的最终目的都是培养自由的人性。人性的自由与人性的爱密切相连，不懂得爱的人无法获得自由，真正的自由是内心的无所依赖。由于我们过多的依赖于自然、社会和他人，甚至自己的肉体以及心灵，我们无法空灵起来，也就根本得不到真实的自由和爱。中国的儒家追求“鸢飞于天，鱼跃于渊”的境界，就是打破了一切依赖，把人放在彻底自由的环境中，让人性和人心、心体和性体得到自然的条达和舒展，进入无所依赖的状态。这样的人才具有创造的力量和可能，才能教化人性、存养人性。

> 乾称父，坤称母；予兹藐焉，乃混然中处。故天地之塞，吾其体；天地之帅，吾其性。民吾同胞，物吾与也。大君者，吾父母宗子；其大臣，宗子之家相也。尊高年，所以长其长；慈孤弱，所以幼吾幼。圣其合德，贤其秀也。凡天下疲癃残疾、惸独鳏寡，皆吾兄弟之颠连而无告者也。于时保之，子之翼也；乐且不忧，纯乎孝者也。违曰悖德，害仁曰贼；济恶者不才，其践形，唯肖者也。知化则善述其事，穷神则善继其志。不愧屋漏为无忝，存心养性为匪懈。恶旨酒，崇伯子之顾养；育英才，颍封人之锡类。不弛劳而底豫，舜其功也；无所逃而待烹，申生其恭也。体其受而归全者，参乎！勇于从而顺令者，伯奇也。富贵福泽，将厚吾之生也；贫贱忧戚，庸玉女于成也。存，吾顺事；没，吾宁也。[①]

并不存在什么形而上学的铁幕，使我们永远视他人为

①《张载集》，北京：中华书局1978年版，第62页。

陌路人，只是日常的环境以及某些有意的人为做法使人们彼此之间保持着合理的距离。也不存在什么形而上学的明镜，可使我们永远对自己暴露无遗，尽管我们通过自己日常的社交和内心生活已经相当熟悉自己。[①]

人的实存的高贵可以说就在于哲学的生活。

……

人的未来寓于他的哲学生活样式中。这样式不应被视为人必须依之指导自己的指示，也不是他必须向之趋近的理想类型。一般地说来，哲学生活不是单一的、对一切人都相同的。它犹如星光放射、流星奔泻似地掠过生活，不知来自何处、去往何方。个人将通过高扬他的自我实存而加入这一运动——不管是在多么小的程度上加入其中。[②]

哲学问题

体用之辩：体用关系问题是中国传统哲学的基本问题之一，可以从以下几个层面理解二者的内涵。

一是指本体与现象，本体、本质为体，现象为用。主要观点有：王弼体无，以无为世界本体，“天下之物，皆以有为生。有之所始，以无为本。将欲全有，反于无也。”（《老子注·四十章》）裴頠体有，

① [英]吉尔伯特·赖尔：《心的概念》，刘建荣译，上海：上海译文出版社1988年版，第188页。

② [德]卡尔·雅斯贝斯：《时代的精神状况》，王德峰译，上海：上海译文出版社1997年版，第186页。

以有为体，著《崇有论》；王安石认为："道有体有用，体者，元气之不动；用者，冲气运行于天地之间。"（《老子注》）二程以理为体，以象为用，"至微者，理也，至著者，象也。体用一源，显微无间。"（程颐《易传序》）

二是指实体、形体、形质与属性、功能、作用的关系。《荀子·富国》："万物同宇而异体，无宜而有用为人。"天地万物是体，产生万物的功能是用。王夫之以实有为体，功能、表现为用，"天下之用，皆其有者也。吾从其用而知其体之有，岂待疑哉?"（《周易外传》卷二）孙中山提出物质为体，精神为用，"中国哲学亦恒言有体有用。何为体？即物质。何为用？即精神。"（《军人精神教育》）熊十力认为本体流行，即功能显用，体用一源。

三是指本原与方法。清代张之洞主张中学治身心，西学应世事，中学为体，西学为用。严复批评认为："体用者，即一物而言也。……故中学有中学之体用，西学有西学之体用，分之则两立，合之则两亡。"（《与"外交报"主人论教育》）体用一体，不可两分。

中国哲学多主体用一体，不分为二，与天人合一观念相关联，属于中国哲学世界观的理论基础，也是中国人处事立身的方法论根源。

西方哲学讨论的本体与现象、实体与属性关系与体用关系问题相关。

本体源自希腊文，意思是被思想的事物或理智的事物，是作为可理解对象或终极实在的事物，相对于现象而言，现象指显现的或可感的事物。柏拉图的理念论对此作过专门的讨论。在康德的哲学里，本体是指某种超越于感性、直观或经验界限的东西，是超越现象世界的东西。本体是不可知的，表明了人类认识的界限所在，是纯粹理性设定的一切科学探究的起点。

实体与属性虽然并不是相对而言的，但是西方哲学家在讨论实体时总是会涉及到属性。亚里士多德将存在分为不同的种类，实体是第一意义上的存在，即终极的实在。在《范畴篇》中，亚里士多德把实体定义为支撑其他一切东西的终极主体，同时还区分了第一实体和第二实体。笛卡尔则把实体定义为其存在不依赖于其他东西的东西，并认为，只有一个实体存在，即上帝。上帝是唯一的非被造的实体。被造的实体有两类，一是思维的东西，即心灵，一是广延的东西，即物体。所有其他样式的东西都可以归结为这两类存在。对于思维实体，思想是其主要属性，因为没有思想的思维实体是不可理解的；对于物质实体，广延是其主要属性，没有广延的物质实体是不可理解的。笛卡尔认为任何存在着的实体不可能是具有一种以上属性的实体，这是笛卡尔二元论的实质。斯宾诺莎认为实体是在自身内通过自身被认识的东西。实体是自因的，是它自己的原因，广延和思想是构成实体本质的属性。实体是必然的、无限的、永恒的、独一无二的、包括一切的。斯宾诺莎的实体与上帝或自然同义，与完全自足、包括一切的实在相等同。这种实体概念使得斯宾诺莎成为泛神论者。黑格尔主张只存在一个实体，即绝对。黑格尔的绝对作为实体也是主体，实体作为主体是设定自身的运动，并且是发展为它的对立面从而为更高的统一运动所进一步联结的过程。通过这样的运动，实体产生和分化它的属性，那就是它的现象。实体和属性是相互包含的，实体只有通过在其属性中显露自身才能作为实体。

西方哲学对本体与现象、实体与属性关系的探讨主要立足于知识论的视角，追求最终科学的解释，这种哲学反思推动了西方科学的发达，以及以法制精神为核心的人文思想的勃兴。

色空之辩：色空关系是佛教专门讨论的话题，与体用问题相关联。色指一切能够变坏，并有质碍的事物，泛指由地、火、水、风四大组成的万事万物，即色蕴，也包括人所识别的一切对象，即色境。空指事物虚幻不实，一切现象都是因缘和合而成，刹那生灭，没有本质的规定性和独立存在的实体，假而不实，所以是空。《维摩经》："诸法究竟无所有，是空义。"《般若心经》："色不异空，空不异色，色即是空，空即是色。"《大乘起信论》以真心派生妄心为空，"依一切众生以有妄心，念念分别，皆不相应，故说为空。"

三、人心的认识能力结构

人性的教化与存养关乎人心认识能力的高低，对人心认识能力的探究可以从心理学、人类学、哲学等不同层面予以展开。心理学、人类学对人心认识能力结构的研究需要依赖现代科学在生理学、生物学等诸多学科领域的突破和进展，哲学的探讨也无法离开这些学科研究的成果。为此，我们仅仅根据现有的人类知识图景对人心认识能力结构做出初步的分析，期望从哲学的层面指出人心的本质。从广义认识论的角度说，人心认识能力主要包括智商、情商和灵商三个层次。

（一）智商能力

随着近代实验心理学的发展，人的认识能力的研究就进入了一个新的阶段。尤其是生理学对人的大脑的研究，促使人们思考人的生理与心理关系。人们开始测量大脑重量与智力的关系，但是这些研究还不足以说明一个人的智力水平。1904年，法国心理学家比奈提出了一种智力测量的方法，用一些与心理活动或心理能力相关的心理测验来测量一个人的智力水平，这就是世界上第一个智力量表。

根据比奈的智力量表，他提出了心理年龄的概念。用心理年龄与实际年龄的比例可以测算出一个人的智力商数，这就是智商（Intelligence Quotient，缩写为IQ）的概念。

智商理论一经提出，就得到人们的认同，并且进入到人们的日常语言中。智商理论对于理解人的认识能力有很大的帮助，在社会科学研究的各个领域也得到了广泛的使用。特别是在教育学、心理学等领域，智商理论对于教育实践和心理测验起着重要的作用。可以说，智商理论是人类对自身认识能力进行科学分析和预测的开始，人类在提高自身的智力水平过程中迈出了关键的一步。

对于人的智力水平的测试反映了人类对自我认识能力把握的一种方向，就是试图从一种确定性的方面来标示人的认识能力。这种研究基本遵循了传统哲学思维的路径，具有明显的机械论色彩。可以说，智商理论是人类在特定时空条件下做出的自我认识和判断，其理论的普遍性值得怀疑，尤其在处理人的整体认识能力的情况下，智商理论就只有相对的意义。

实际情况也是如此，随着智商理论的普及与传播，对智商理论的进一步发展也遭到了人们的质疑。主要是围绕着人的智力是先天还是后天的问题展开了争论，由此出发，智力基因的问题也被提了出来。而且，在现实社会中，高智商人群所出现的种种问题，也开始被科学家所关注。最为突出的问题就是具有高智商的人在其人生发展过程中往往并没有获得很大的成功，科学家由此开始对人的认识能力的其他方面予以关注，尝试从更为综合的方面来探讨和研究人的认识能力，情商理论应运而生。

(二)情商能力

情绪智力是一个心理学的新概念，它是1990年由美国的两位心理学家——耶鲁大学的塞拉维和新罕布尔大学的梅耶共同提出来的。塞拉维和梅耶1990年出版的书原名是《情绪智力》，也可翻译成情感智力，或情感智慧。1995年哈佛大学教授、纽约时报记者戈尔曼写的一本科普读物也是这个书名，后被翻译到中国来，书名被译为《情感智商》。情感智商(Emotional Intelligence Quotient，简称EQ)能力主要包括以下方面：认识自身的情绪，妥善管理自身的情绪，自我激励能力，认知他人情绪，人际关系的处理等。

情商理论提出之后，在心理学、教育学、管理学等领域引起了巨大的反响，“情商”一词已经成为非常通用的语言，并且对人们的社会生活的各个方面产生了非常大的影响。人们开始注意到人的情绪、情感能力在认识活动中的作用，在教育和管理过程中，情商作为一个重要的指标被用来衡量人的能力。可以说，情商理论是人类对自身认识能力开始进行综合性研究的开始。

如果说智商理论停留于对人的认识能力特定方面的判断，情商理论则相对拓展了这一判断，开始综合研究人的认识（思维）能力。人的认识（思维）能力既有量的规定性，也有质的规定性。智商测定的商数在特定的时空条件下其有效性是值得肯定的，尤其是在对人的认知能力判断方面。由于人生在世的状态是复杂的、多态的，所以智商不能够完全对认识能力的整体加以判断，情商在某种程度上弥补了这一不足。情商理论不仅是人类自我综合认识的开启，也是在一个更为宽广的时空条件下把握人的认识（思维）能力。智商一旦形成，后天发生大的改变几乎不太可能，情商则不然，可以在人的后天生活中获得调适和改善。情商理论注意到了人在社会和历史发展过程中时空境遇的改变对人的认识能力的影响，把人作为一个社会和历史的人，而不仅仅是生理（物）

的人。这是情商理论优于智商理论的所在。

但是随着情商理论的盛行，各种批评的观点也纷至沓来。对情商理论的质疑主要包括两个方面：一是认为情商概念无法像智商概念那样有严格的心理学和生理学的基础，也没有一个令人确信的情感商数测定标准，这是情商理论面临的最大挑战；二是情商理论如何与非智力因素相区分，特别是非智力因素当中许多与情绪相关的因素在认识过程中发挥着什么样的作用一时难以获得说明。

伴随着情商理论对传统智商理论的补充和发展，人类对自我认知能力的认识越来越深刻，产生了灵商理论。

> 时间只是我垂钓的溪。我喝溪水；喝水时候我看到它那沙底，它多么浅啊。它的汩汩的流水逝去了，可是永恒留了下来。我愿饮得更深；在天空中打鱼，天空的底层里有着石子似的星星。我不能数出“一”来。我不知道字母表上的第一个字母。我常常后悔，我不像初生时聪明了。智力是一把刀子；它看准了，就一路切开事物的秘密。我不希望我的手比所必需的忙得更多些。我的头脑是手和足。我觉得我最好的官能都集中在那里。我的本能告诉我，我的头可以挖洞，像一些动物，有的用鼻子，有的用前爪，我要用它挖掘我的洞，在这些山峰中挖掘出我的道路来。我想那最富有的矿脉就在这里的什么地方；用探寻藏金的魔杖，根据那升腾的薄雾，我要判断：我在这里要开始开矿。①

① [美]梭罗：《瓦尔登湖》，徐迟译，上海：上海译文出版社2006年版，第85~86页。

（三）灵商能力

先于灵商理论产生的是多元智力论。多元智力理论是美国学者加德纳提出的，他在《智力的重构：21世纪的多元智力》一著中对人的智力本质进行了自己的分析。他认为人的智力形成有一个社会文化因素的影响和作用，这种观点解决了智力形成是先天还是后天的争论。加德纳还认为人的智力结构不是某一种能力或围绕某一种能力的几种能力的整合，而是相互独立、相互平等的八种智力：言语—语言智力、音乐-节奏智力、逻辑-数理智力、视觉-空间智力、身体-动觉智力、自知-自省智力、交往-交流智力、自然-观察智力。

多元智力理论对于传统的智商以及情商理论不仅是一种量的突破，而且更是一种质的突破。可以说，多元智力理论开始从人的整体存在角度来分析和研究人的认识能力。这种理论呼应了哲学理论在现代的发展，尤其是人文主义哲学呼唤对人的整体存在的关照。但是多元智力论仍然停留于对人的认识能力做“解剖学”的研究，对人的认识能力的其他方面，特别是许多非理性因素没有予以充分的关注，这是多元智力论的局限所在。

灵商理论的提出极大的丰富和发展了多元智力论，这是人类自我认识水平提高的极为明显的标示。灵商(Spiritual Intelligence Quotient)简称为SQ，是英国达纳·左哈和伊恩·马歇尔夫妇合写的《灵商：人的终极智力》一书中首次提出的一个崭新的概念。他们认为当我们进入到公元2000年时，已有了来自心理学、神经病理学、人类学和认识科学等方面的足够证据，向我们证明存在着第三种商，即灵商或心灵智力。在他们看来，灵商，即心灵智力，也就是灵魂智力，是一种能够治愈我们自己和创造我们自己整体的智力，是一种能创造性地发现新价值的智力。

高度发展的灵商的各种标示包括：（1）灵活变通的能力（积极的和自发的适应性）；（2）高度的自我意识；（3）面对和利用苦难的能力；（4）面对和战胜痛苦的能力；（5）被想象和价值所激励的生命本质；（6）不愿引起不必要的伤害；（7）倾向于发现不同事物之间的联系(形成“整体”）；（8）询问“为什么”或者“如果…将会怎么样”等问题并寻找“根本性”答案的明显倾向；（9）存在心理学家称之为“场地独立性”的特性——具有反对习俗的能力。一个灵商高的人很有可能成为一个献身于事业的领导人——对他带来更高的想象和负有更高价值的责任，并向他人显示如何运用它的一个人，即一个能鼓舞激励他人的人。可见，灵商的出现，我们可以用它来提出和解决有意义有价值的问题，用它在一个更为广阔、更为丰富，并且不断提供意义的环境里安排我们的行动和生活，用它对行动的某个过程或某段历程进行评价。

> 高度灵商要求我们对自己具有深层的诚挚，深刻地了解我们自己。它要求我们去面对各种选择，去认识有的时候那些正确的选择是困难的。高度灵商要求最高度的个人诚实。它要求我们意识到并由我们自己那深层的中心来生活，这个中心超越了我们生命所散落的所有那些碎片。它要求我们重新收集我们自己，包括我们自己那些拥有起来会是痛苦的或是困难的部分。然而，最重要的是，高灵商要求我们对于体验敞开，我们要重新获得我们的能力——

通过孩子般的眼睛去新鲜地看待生活和其他人。它要求我们停止在我们已知的东西中寻求避难，去持续地探索，从我们所不知道的东西中学习。它要求我们去生活那些问题，而不是那些答案。[①]

人生是与天地万物浑元一气流通变化而不隔的。人要时时体现此通而不隔的一体性而莫自私自小，方为人生大道。[②]

陆九渊（1139～1193），字子静，自号存斋，抚州金溪（今江西金溪）人，曾居贵溪象山，自号象山居士。与兄九韶，九龄合称“三陆子”。乾道八年举进士，做过几任地方官。陆九渊是宋明理学中“心学”的创立者，他提出了“心即理”和“自存本心”的心性本体论，曾与朱熹反复辩论，著名的“鹅湖之会”，是他的“心学”与朱熹的“理学”辩论的高潮。陆九渊的著作，后人编为《象山先生全集》。

灵商使我们成为充满理智、情感和智慧的高尚的动物，是我们人类区别于动物的根本所在。灵商是一种高层次的智力，是人的终极智力，也是一个人生命价值的意义之所在。灵商理论突破了传统的单一和片面的智力观，试图从一个整体和全面的角度完整概括人

① [英]达纳·左哈、伊恩·马歇尔:《灵商:人的终极智力》,王毅、兆平译,上海:上海人民出版社2001年版,第310页。

② 梁漱溟:《人心与人生》,上海:学林出版社1984年版,第243页。

的认识能力，在此基础上去发展和运用人的各方面认识能力，达到对人的精神世界的更为内在、更为准确、更为全面的把握。

类似于智商和情商的概念，灵商是在多元认识能力的框架之内，对作为整体性存在的人的能力进行概括的一个综合性指标。如果说智商只是单一反映人类理性认识能力的一个商数，情商综合了人的情感、情绪智力反映人的认识能力的一个商数，那么灵商则是从人作为一个完整的智慧存在的角度，更为全面的反映人的认识能力的商数。灵商包括了除智力、情感、情绪之外的人的认识能力当中的其他因素，还包括：意志、悟性、直觉、灵感、想像、体验、信念等多方面的非理性因素，其中最为重要的是悟性和想像。这是对人作为智慧生物和有创造能力的存在物的最为集中的标示。

灵商理论突破了传统的单一和片面的智力观，在人整体存在的时空边界中，全面概括人的认识能力，在此基础上去发展和运用人的各方面认识能力，达到对人的精神世界的更为内在、更为准确、更为全面的把握。

灵商理论综合了中西方哲学的精华，特别是对中国哲学的心性教育理论和智慧哲学。西方哲学对人的存在本质的追问，尤其是现代科学哲学试图重新沟通科学与人文的努力，以及人文主义哲学对人的存在意义的彰显，都是与灵商的本质相统一的。中国传统心性哲学源远流长，追求性灵的超越和境界的提升是人生在世的目的，将转识成智当作人的生命智慧的本质，这恰好是灵商理论的意义之所在。中国传统教育主张修身养性，继善成性，把人作为一个与天地并生共存的存在物，从整体的身体观角度培养人，塑造人。尽管这一认识和教育方法在近代机械化模式的社会面前遇到了挫折和挑战，但随着人类社会的发展，人类对自身存在特征反思的加深，这一传统必将生发其生命力，帮助未来社会中的人找到安身立命的所在。

从时空哲学的角度看，灵商是属于宇宙时空的，可遇不可求；情商是历史时空的，可求可遇可养成；智商是生存时空的，可遇可求难以养。大智、大愚、大悲、大慈、大能、大善、大真、大美之人是因其灵商而闪现于这个世界的，扭转甚至创造历史的英雄人物多数以其超常的情商而立于世间，推进人类具体科学认识发展是智商超群的人物，往往对人类生存的技术有所发明和创造。遗传高的智商，养成健康的情商，揭蔽深隐的灵商，是完善人生在世的认识之途。

※ 小 结 ※

人的生命存在关乎人性和人心的状态和本质。人性从生命之始，到生命之成，再到生命之终，人性得以展现，得以丰富和发展。人性的生成从自然的混沌状态，经过教化的历练，使得人生迈向成熟。因为教化，人性得以存养，随着存养的提升，人性所趋向的境界也不断提升。随着人性的迁变，人心的认识能力也呈现不同的时空状态，即智商、情商、灵商，这是人心能力的自我展示和升华。

参考阅读书目

梁漱溟：《人心与人生》，上海：学林出版社1984年版。

［印度］克里希那穆提：《人生中不可不想的事》，叶文可译，北京：群言出版社2004年版。

［法］卢梭：《爱弥儿》，李平沤译，北京：商务印书馆1983

年版。

[英] 达纳·左哈、伊恩·马歇尔：《灵商：人的终极智力》，王毅、兆平译，上海：上海人民出版社2001年版。

习作选

自我的序列

我的词语系列包括主格、宾格，这不只是表示我在世状态的主动或被动态，更多的是对自我在世序列的描述和揭示。

我也不是生理状态和心理状态，自然状态和社会状态的分裂对峙，而是在自然、生理、心理、社会这一序列中不断选择存在的结果。在世的我不是肉体和灵魂的简单分隔和区别，而是一个整全的存在。

由于我存在的词语序列和实际序列的不同，直接又导致了你和他的语词序列和存在序列的差别。如你的主词和宾词状态，他的主词和宾词状态。

从语音文字和字母文字的不同表现可以看出两种文化和哲学的取舍态度。如汉语当中只有我你他的称谓的区分，没有这些词的语态和所有格的分别。英语则非常明确的标明了我你他的不同语态和所有格形式。尤其是英语中我始终处在大写的状态，这是对我的在世方式的最高肯定。这在汉语当中看不出来，也表现不出来，相反却有大量的自我表达的谦辞。

尼采与马克思

尼采尽管通过自己超人的创造力、想象力、批判力摧毁了一切价值，但是其精神状态当中所包含的悲剧意识，还有那种强人的血腥的意识只能是西方文化大树上的一颗恶果。这不是尼采的错，也根本无所谓错与不错。尼采的鲜活的、喷发的创造力不是他个人的表现，而是西方哲学和文化发展极致所导致的结果，是西方文明的“劣迹”造就尼采这样的人。

就像马克思一样，他把深刻的解剖刀插进了西方文化的身体，他们都想破除现代社会创造的一切价值和文明成果，从而从一个夸张和骇人的地方树立了一个标牌，上面写着“此处无法通过”。问题是，尼采根本没有指明另一个方向，马克思虽然给出了一个方向，却由于人类无法深刻领悟马克思这一指示的意义，因而朝向、并达至这一方向的努力往往付诸东流。历史以循环的面目一再重现。

在这两个同时代的德国人那里，我们发现了欧洲文明的肿瘤。但正是这肿瘤的形成，才又一次激发了人类的生命力，使得人类稍稍有些反省，但很快就陷入迷雾之中不能自拔了。

从某种意义上看，尼采精神当中的很多元素接近于庄子的无奈。庄子酒瓶中的酒虽然不是酒神所酿造的，但是却能够流进人心和人性中，在一种醒世的层面获得精神的满足。尼采则不然，尼采的酒纯粹是带着浓烈的酒神味，饮得越多，可能会死的更快，无异于饮鸩止渴。尼采自己就是中毒的一分子。其实西方文化发展到今天，基本上已经奠定了人类的朝向悲剧迈进的路线图，尽管有着迟缓的差别。

东方世界曾被黑格尔排除在世界历史之外，他们的生活更为低微而不能自知，在被尼采揭示的种种道德幻想中苟延残喘。

这是人类目前精神的最可悲的景象，不要害怕，活下去，每个人自己的生命由他自己掌握。别人都到一边去吧。

思考题

1. 人性与人的生命过程有什么样的关系？
2. 人心与人性的状态是如何展现的？
3. 人的心灵认识能力的结构层次有哪些？

附录一

哲学之问

要想成为哲学家，只有敏锐的思维是不够的，也不仅限于建立一个流派……而是要解决人生的实际（非理论）问题。

——亨利·大卫·梭罗（Henry David Thoreau）

一、精神与哲学

肉体需要呼吸，精神也离不开呼吸。哲学的思与问，就是精神的呼吸。肉体的代谢是物质层面的，精神的交换则是哲学层面的。人之存在的多重性，决定了人生方向的多样性。如何在人生方向的选择上更加合理，更加顺适地认识人生，更加方便地修养人生，哲学的反思和追问是必不可少的。

哲学的反思和追问起自何处？从发生学的角度看，大致有以下几方面的原因。

世间的个体存在，不过为沧海一粟，六合一尘。面对无限的空间，以及为了界划空间而生发的时间意识，人都会有种被抛弃到此世的内在感受。空间的无限性是人可以直接感知和识别的。自从人类采用了时间记录生命变化以来，时间和空间共同构成了人类存在于世的参照。面对大海,诗人会这样抒怀。

"东临碣石,以观沧海……日月之行,若出其中。星汉灿烂,若出其里。幸甚至哉,歌以咏志。"

面对茫茫沧海,人们不知其源,更不知其终。日月的流转,恒久不变。星辰的变幻,万代永远。诗人以其所在的时空视角,对无穷的世界只能发出慷慨的高歌。在这高歌的吟咏中,展示的是诗人对人生微渺的感叹。因为微渺,人们便会产生此生意义的拷问。人生是否值得活?人生的意义在哪里?生命是有指望的吗?只要人的思考触碰到这些问题的边缘,哲学的追问方式就来临了。

人降临此世,就意味着生死的辩证运动开启了。人生在世,几多变幻。随着人与外在世界进行物质和能量的交换,四肢百骸会达到生长周期的终点。肉体成型之后,因为幼态延续的特征[①],使得人类保持了出生时就有的好奇心理。相对于其他动物的成年期,人类有着更为漫长的成年生命周期。这就为人们追问生命的终点提供了心理学的基础。从生命的发生,到青春期,再到成熟,生命就开始衰亡。生命悠忽而短暂。生之欢歌注定要被死之悲曲所取代。面对生命的大限,所有人都必须回到自身,回到精神生活的时空中,去思索生命的本质和生命的奥秘。

① 幼态延续(Neoteny),是指某个物种在成长的过程中,始终保持幼年的特征。如人成年以后与幼年的基本特征就保持了一致。很多动物成年之后与幼年相比,特征变化非常大,如青蛙、大熊猫等。人的幼态延续决定了人永远长不大。与之相应,其内心的心智也就保持了幼年时期对世界的多重拷问。这是人作为形而上学存在的生物学和心理学根基。

“对酒当歌，人生几何。譬如朝露，去日苦多。”[①]

在诗人的慨叹追思中，哲学的问题沼泽呈现在人们面前。

孤独之在，向死而在，激起的是哲学的终极玄思。人生的现实展开过程，包括身心之辨的纠缠，人物之间的遭际，以及人际相处的困局。[②]身心之别在常人那里是不自觉的。一旦对身心之别有了深刻的体认，身心之际的哲学之思就溢出为哲学的追问。外在之物的不确定性，每时每刻都挑动着人的心思。人物相遇引发的困惑很多也都被纳入到哲学思问的视域。人与物相遇的同时，人与人也在不断地照面。人与人从陌生，到相识，到相知，乃至于到相亲，其间复杂的人际关系逐渐展现。在人类哲学追思的征途上，古人的精神从未退场。人类代代相续的精神之河，灌溉着人生思问的田园。

“今人不见古时月，今月曾经照古人。古人今人若流水，共看明月皆如此。”[③]

① 这首诗为人们铺陈了一幅人生思问的画卷。人生几何的发问，触发了哲学之思的机关。绕树三匝，何枝可依？这是存在之谜的追问。何以解忧，唯有杜康。人生所要面对的不仅有生命的限度，更有对现世生活的忧虑。对存在之谜的思问，直贯人心，意味无穷。此类诗歌，非有灵性者不可以作。

② “许多人逐渐意识到，哲学观点囊括了逻辑、道德规范、价值观、意义、理性、矛盾或风险中的决策，以及所有体现人类生活特点的复杂事物。”（罗·马里诺夫：《哲学是一剂良药》，黄亮译，新华出版社2010年版，4页。）

③ 明月为一恒久之在。其遥不可及所造成的空间意向空灵而幻思，成为尘世生活的期盼。流水为一活动之在。其流淌跃动所带来的是人对时间的无尽怀念和叹息。古人与今人在明月高悬的空间中，在渺渺流水的湍动中，得以相遇，彼此引发超越时空的抒怀。太白虽已远去，然而太白心中悬念的那轮明月和无尽的流水却恍如昨日。诗人的形上之思，在时空之物的联动下，悄然浸润了常人的心怀。“把酒问月”问出的是绵绵无已的心灵之思。

古人与今人，今人与今人，古人与古人，其间相互联系的不再是肉身性的，精神性的一面也充分显露出来。这一切为哲学的思与问提供了无边的空场。身心、人物、人际之间的辨合符验，为人的精神在哲学的场域中提供了出场的舞台。

人的孤独性、向死性和遭际性，在肉体层面的表现都是容易观察和体验的。常人之所以不去关注哲学，乃是他们在庸常的生活中，深陷于肉身性需要的牵挂。其中有些人往往是天命之性所带来的各种限制，使他们忽视了精神存在的维度。庸常的世俗生活，为大多数人准备了生命能够夜以继日的支撑。在常人的视野之外，生命没有形而上的向度。常人的操心，只在粗糙的物质漩涡中。只有当精神性的维度得到彰显，人的存在才能够逐级上升。在上升的通道中，对知识的渴望，对艺术的向往，对信仰的追求，最终都要抵达形而上学的终极之思。这也是生命不可绕行的驿站。

人是不断地向着哲学问题靠近的。有些人可能会错过与哲学的相遇，有些人则会直面哲学问题，有些人注定与哲学终身相伴。

二、哲学与未来

人生的目的就是过上希望的生活，过上值得过的生活。哲学不仅从理论上提供对希望生活的设计和论证，而且还能够从实践层面为人类走向希望生活指明方向。

人因为对未来充满着期许，人的生活便由此展开了多重的面向。未来意味着选择。选择过什么样的生活？如何选择我们希望的生活？回答这一类问题必须转向哲学之思的实践向度。

哲学从精神性的思问中探掘存在的谜底。但这不是哲学的全部。人还需要通过哲学之问来确立未来的希望之路。哲学的实践就是希望哲学的展开。希望哲学就是未来哲学。从现实出发,以历史为镜,寻找希望,走向未来,这就是实践哲学揭开存在之谜的通道。

在未来的光照下,历史是人回望的现代,现代是人期望的历史。历史中的人和事虽然皆成过往,但其中一切值得回望的莫不活在现代。现代中的人和事虽然还在生成,但其中许多值得期望的莫不走进历史。从这两者的互动中,人们能够揭示希望哲学的辩证法。

就前者而言,许多历史中的人和事,形式上皆成过眼云烟。但是很多的人和事,却因为蕴含着恒久的价值,被历史所留存。这种留存的方式可以是有形的,也可以是无形的。儒家在绍述传统时,对尧舜禹三代之德的歌颂,就是对儒家向往的德性世界的期盼。孔子说,周鉴于二代,郁郁乎文哉,吾从周。孟子则言必称尧舜,道性善。儒家学者把对理想世界的向往定位在三代的上古之治,往往被人们看作是倒退的历史观。事实上,人们对历史的回望就是想留住那些值得记住的人和事。这种回望在魏晋时代演变为文学家对桃花源的描述。与之相应,古希腊也有对英雄时代的歌颂。基督教有着对千年之城的期盼。近代以来,社会主义从空想到实践,已然演进了五百多年。由此可见,人们对理想社会的追求,对桃花源世界的向往,乃至于对人类最高理想共产主义的企盼,永远保持着不竭的动力。

往者难留,来者难追。这是时间留给人的哲学悖论。人却因为其精神的挺立而生发出对这一时间悖论的无穷追索。从历史现象上看,人们似乎不可能左右自己的历史,不可能预言有什么样的人和事将会出现在历史的舞台上。但从本质上说,历史又是被注定的。进入历史的莫不是注定的。人们当下所作的一切努力,整体上看是无序而纷乱的。但是由于人类的精神能力大体是相仿的,精神希望的指向大体相同,其所造就的未来世界就不会发生太大的差异。这种差异在现代社会出现的可能性越来越少。希望哲学所期望的未来的人和事,只要与人们精神的指向相似,就必然会走进历史,走向舞台的中央。这是希望哲学的本质所在。

泉涸,鱼相与处于陆,相呴(xǔ)以湿,相濡以沫,不如相忘于江湖。与其誉尧而非桀也,不如两忘而化其道。夫大块载我以形,劳我以生,佚我以老,息我以死。故善吾生者,乃所以善吾死也。"泉涸,孔子曰:'鱼相造乎水,人相造乎道。相造乎水者,穿池而养给;相造乎道者,无事而生定。故曰:鱼相造乎水,人相忘乎道术'"。鱼本是赖水而存活,在水中自在而不觉他,故"忘之";无水,则只能"相濡以沫"以求活,然此非根本之策,实苟且一时之术也,故不足依,所以"不如相忘于江湖"。

希望哲学不是对传说中的黄金时代的回归,而是通过剪除人类思维中的枝杈,确立一条适合人类共生共存共养的希望之路。人类无需驳斥曾经可能有过的黄金时代,可以将此看作人类具有美好本性的先天根据。我们承认黄金时代,就是承认人类曾经度过的羲皇岁月。从有记录的历史来看,人类的命运却是起伏曲折,期间有和平,也有战争,有文明,也有野蛮,有进步,也有堕落。从人性的角度说,人类本性中趋善和趋恶的力量始终处于较量当中。趋善的力量有时居于主导的地位,但是趋恶的力量往往也能够兴风作浪。希望哲学就是要充分绽现人性能力之趋善的力量,把追求和平、文明和进步当做人类不变的追求。希望哲学落实到个人那里,就是要清除人们已有观念中,那些影响人们求真、趋善、向美的因素。其中最为核心的就是正善念。我们可以将之称为正念的哲学。正念就祛除邪念。正念的获得需要经历复杂的过程,哲学从思维的角度出发,给走向正念的人提供智慧和方法。

人类文化在其发展进程中,在东西方衍生出相对独立的两种文化。这两种文化所依据的哲学表达方式存在某种差异。有学者将之概括为学以致用和学以致知的不同。中国哲学重视现实,强调事功,目的在于学以致用。西方哲学重视超越,强调思辨,目的在于学以致知。①

哲学的精神向度开启了未来的闸门。希望哲学的思问揭开了存在的未来密码。这是哲学之问在时间维度上的演绎。接续历史,敞开未来,人生接驳时间的轨道,生命就有了无尽的期待。

① 赵林:《西方哲学史讲演录》,北京:高等教育出版社2009年版,第23页。

附录二

和说①

一 问和

宇宙煌煌，开合互彰。黑洞幽幽，阖辟相往。无始无终，无涯无方。
化生天地，其谁运掌？上天为谛，其实难藏。众生缘起，各演所长。
人居地星，亿载难量。分处大洲，智扫群盲。文明齐进，莫辩弱强。
祛除蒙昧，私产登场。疆界棋布，立国乖张。纛旗狼烟，掠地抢氓。
阶级对峙，王霸相将。环视宇内，谁料动荡。人事不济，身心互惘。
家道不齐，百姓迷殃。恐怖四伏，常致国殇。生态劫难，万灵哀伤。
此势遍造，无有阻挡。思念辗转，躬省异常。和合之道，何能弘扬？

① 和思想为中华文化之重要创造。自先秦史伯提出“和实生物，同则不继”的命题之后，和思想一直为诸子看重。儒家和道家对此均有重要阐发。近代以来，社会发展迅速，人与人、人与社会、人与自然、国家与国家等相互之间的关系均出现了各种形式的冲突。如何化解此类冲突，回归思想原点，倡导和思想显得非常必要。国内学者张立文创和合学体系，钱耕森倡大道和生说等。古老的和思想重现光芒。《和说》以和立论，分十九节析之。第一节问和，总论和思想确立之必要。第二、三节，论和之本源、本体。此后则为彰显和之用的展开。第四至九节，论天、地、道、理、德、中六和，择和之大者加以阐释。第十至十三节，以生和为出发点，分论性、心、气三和。论者若从身、意、命等角度论，亦可有所拓展。第十四至十九节，择社会运化之要，论政、财、文、家、国、世六和。其总体逻辑以问和之源与体为基点，分论天地万物、人事变化、社会运演，皆有和之义。以此，提醒世人重视建立身心、家国、世界和谐之局面，得长生久视之道。《和说》盖为此而作。

太和为体，天地大匠。中和为枢，道理相仿。能和为本，势力相当。政举财足，家和国旺。文通世平，心性守望。和衷共济，万世泰康。

二 太和①

太极伊始，和生万象。能体流行，亿兆式样。成住坏空，浮沉升降。三千世界，和润道场。此呼彼应，气息相畅。灰尘弥漫，生灭来往。阴阳二态，相鼓相荡。保和利贞，元亨莫忘。四端化运，无极不详。动而愈屈，橐籥为箱。太和为静，无声无章。和激生势，力发天光。

三 能和②

能者非能，万物众相。非能者能，万事恒常。人生有能，势力张扬。天地永在，因能久长。③能析为势，势动四向。势演无穷，在能之量。势和恒运，泽物留香。势析为力，力动以强。力化千变，在能之场。力和变迁，真力在旁。能和永存，六合开张。以能为体，在世无殇。

四 天和④

天体无数，和光万丈。照耀寰宇，无倪无相。其大无外，其小无量。星系云团，六合筐囊。地星一极，环被天氅。人自周游，实无遁藏。日月风云，天气酝酿。风霜雨露，恣意生养。芳泽灵物，人力相当。

---

①《易·乾》："保合太和，乃利贞。"朱熹《周易·本义》："太和，阴阳会合冲和之气也。"太者，泰也，大也。此节论和为世界始终之态。

②《和说》以能为本体，能势力三者递进演化，总成世界万物。

③《老子》第七章："天长地久。天地所以能长且久者，以其不自生，故能长生。"

④《淮南子·俶真训》："含哺而游，鼓腹而熙，交被天和，食于地德。"天和论天体流行，为大尺度物体之态。

华光日照，生命如常。天和在明，无漏无妨。天心贯道，宇宙衷肠。

五 地和[①]

天演地化，乾坤朗朗。地德载物，水陆为疆。板块相沿，山川伟像。洲陆漂移，隔海相望。大洋漫漫，浩水苍苍。蔚蓝世界，生命温床。万灵覆育，地利繁昌。飞潜动植，生物万象。万亿物种，灵长稍强。生灵活转，人猿揖让。地和在灵，孕生育长。地气灵动，演化瑞祥。

六 道和[②]

道和坦坦[③]，无形无象。弥伦天地，无态无状。穷本溯源，惟在形上。人物化生，本性多样。祛蒙除昧，仁道始降。修德养性，教化成邦。物性虽异，动静相往。生长成遂，化道无常。人能识道，其实在旁。不辨宽窄，道路相长。道和在复，无归无藏。道心恒住，真相难当。

七 理和[④]

天地之理，众物之状。识理明物，理事平常。成理有道，物各有方。缘道得理，理之本相。因理成事，幻化不张。有物有理，其则在场。人伦日用，伦理莫忘。良法善治，和理执仗。人性缘情，情崇理尚。理本固然，明理无谤。理和在顺，条达贯畅。真理从容，不着偏向。

① 地和专论地球运化衍生之态。

② 道和论宇宙万物运化之道。因道能循环生物，故以往复指道。

③《易·履》："道坦坦。"

④ 理和论物事人伦当条达顺畅，于此可见真理。

八 德和[①]

德力相从，人物相仿。气聚有形，德性内瓤。物生有变，不在其常。德道贵专，仁慈俭让。仁德为本，人心方向。慈德布施，培植土壤。俭德虽吝，可拒铺张。让德求礼，世间天堂。修德进业，真气满膛。怀德归道，鬼伏神降。德和在仁，润物无方。天地人合，全德无伤。

九 中和[②]

天地无偏，物生无党。中之为本，庸之为方。物本自如，时位和当。生变灭化，中节为常。四时轮回，莫道助长。势位相应，定在八向。轻重先后，随机多样。巨细不论，自适相仿。情真事实，中正裁量。美善相辨，中道最祥。中和在节，适度通藏。本末之道，不分阴阳。

十 生和[③]

和生有道，弥纶四方。天生有覆，庶物其场。辉耀寰宇，其和在光。地和有载，百物得享。气遍六合，其和在藏。人生有能，运命相将。幻化明灭，其和在养。物和以生，彼此相仿。事和以成，是非两忘。同质相推，异质相长。生和在能，大道不枉。生生在和，变易无常。

① 德者得也，仁慈俭让之德为德和之根本。

② 时空方位，乃辨识天地万物之坐标。以中和裁量万物，则可以得其节度。

③ 天地气人物事，皆以和为生。生生变化莫不以和为终极之态。

十一 性和[①]

性本为质，殊分万相。物性自然，无能无量。性之所发，是为物状。人性殊别，能力短长。性本天生，蓄能为藏。人群有势，恶抑善扬。我自觉醒，性力弥张。缮性为体，化性为象。日生日成，众沤相荡。万法随应，性体皇皇。性和在善，理事相当。人物不辨，性分无妨。

十二 心和[②]

心缘造化，智慧荡荡。心海无际，智能导航。心河漫漫，智势为绛。心泉始发，智力影响。物心自在，生发长养。人心至诚，弥坚弥畅。地心载物，互张互扬。天心覆育，六合偕王。道心存存，生意莽莽。身心一如，相摩相荡。心和在清，静斋坐忘。[③]心物同元，宇宙恒常。

十三 气和[④]

山河大地，万般气象。开合屈伸，呼吸来往。气息非止，气动乃旺。能气生生，道气相傍。天气环转，地气收养。德气修为，理气有方。心气弥满，性气慨慷。气运无穷，生动如常。气机妙微，莫能相抗。气力源生，无模无样。气和在运，充塞鼓荡。元气寰转，璇玑无量。

---

① 物性与人性，均以善性为体。善性得和，和生万物。

② 心和以物心、人心、天心、道心、地心论。心者非仅指意识及其活动。宇宙之演化实为心和之动，清晰可辨。心物之辩不过纯以认识立足点计。

③《文心雕龙·养气》：“吐纳文艺，务在节宣，清和其心，调畅其气，烦而即舍，勿使壅滞。”

④ 能气、道气、天气、地气、德气、理气、心气、性气，此为气存演之态。气之鼓荡即为万物流行。

十四 政和[①]

政道在治，民为其纲。主权在民，特权互戕。人安其位，各扬其长。人人等平，百业相当。政通人和，何用刀枪。警监范导，不为盗抢。扶弱济困，保民兴旺。党派不立，民自主张。兼相利爱，民主协商。功利不悬，民生宽畅。政和在正，无劳民伤。德法并用，世道吉祥。

十五 财和[②]

财道为础，经张济扬。富贵无尽，其在配享。奢道难免，吝道宜广。人人尚俭，浪费无良。物尽其用，欲望莫强。劳动是本，创造为方。天予双手，自力自强。交易自由，财流物畅。剥削无益，欺诈退场。发展适度，资源有藏。财和在用，恒产恒常。物欲相屈，[③]福泽长享。

十六 文和[④]

文化为核，虽软实强。精神为体，境界裁量。教习终身，学术最忙。化育之力，重在序庠。科学探索，务求适当。人工智能，相依相仿。理性自洽，莫能张狂。艺术繁荣，百花齐放。身心调适，形神相傍。自我觉解，不迷信仰。文和在乐，身心俱扬。[⑤]精神烂漫，春风浩荡。

---

① 社会政治组织与制度，乃人类文明发展之产物。立政治，保民生，为政和之本。

② 财富在用，不在积藏。故财和以恒产为要。经济适度，欲望适当，为人类物质发展之道。

③《荀子·礼论》："欲必不穷乎物，物必不屈于欲，两者相持而长，是礼之所起也。"

④ 文化教育为文明推进之基本动力。学术之发展在升扬人之能力，不在学术本身。其中理性能力之成长最为关键，其以身心和谐又最为突出。

⑤《正蒙》："和乐，道之端乎！和则可大，乐则可久，天地之性，久大而已矣。"

十七 家和[①]

夫妇相亲，家道津梁。情爱相系，时刻思量。执子之手，岁月悠长。父子相爱，和气鼓荡。仁慈关切，孝敬奉养。亲代承续，福泽万方。兄友弟恭，家和有望。家业昌盛，无阋于墙。四海之内，友爱弘扬。群居乐业，家庭暖港。家和在亲，爱意礼让。家风遍润，民心徜徉。

十八 国和[②]

国相隔阂，所在界墙。沙场寂寞，无用良将。核武高悬，达摩难挡。以大凌小，霸道呈皇。飘血流杵，厮杀严霜。烽火无度，生民之殇。大战踵至，族国提防。产业退闭，货殖毁伤。恐怖四起，此争彼抢。文明更化，逐级向上。国和在通，诚道得偿。同命共运，人类之望。

十九 世和[③]

世界交往，千年时光。地远心通，当求同想。大同社会，非谓虚妄。共产时代，守护相望。和平之念，化育为王。族群共处，志气相当。芸芸生民，世代相往。国交有道，自如收放。边疆界划，无需设防。和念和行，臻于张网。世和在平，鼓腹熙攘。天下为公，世道泰康。

---

① 人类之家庭，犹如机体之细胞。家和相亲，推之天下，则远仇恨，去征战。

② 国家、族群之间对立隔阂非一日而成。人类若去此必返和平之道。除此，别无他途。人类命运之相存相依，能入凡人心中，则国和有望。

③ 世道纷乱，因人类理想之途不能相映。求世道平安和泰，世人彼此相恋，人心相依，则人与人交往之际，可得平安幸福。论世和不难，得世和不易。